电子竞技赛事运营"1+X"证书制度系列教材

电子竞技赛事运营（高级）

完美世界教育科技（北京）有限公司 组编

常方圆　王 蕊　范英楠 主编

人民邮电出版社

北京

图书在版编目（CIP）数据

电子竞技赛事运营 ：高级 / 完美世界教育科技（北京）有限公司组编；常方圆，王蕊，范英楠主编. -- 北京 ：人民邮电出版社，2025.1
ISBN 978-7-115-63873-1

Ⅰ．①电⋯　Ⅱ．①完⋯　②常⋯　③王⋯　④范⋯　Ⅲ.
①电子游戏－运动竞赛－运营管理　Ⅳ．①G898.3

中国国家版本馆CIP数据核字（2024）第049203号

内 容 提 要

随着电子竞技产业的飞速发展及产业链的逐渐完善，电子竞技运营师职业已经出现。如何培养电子竞技产业人才，成为业内人士关注的问题。本书正是基于这样的要求编写的。

本书共 4 个学习单元，分别是电子竞技赛事项目管理、电子竞技赛事动态包装、电子竞技赛事视频制作、电子竞技赛事直播，每个学习单元都有基础知识和贴近实际场景的任务的详细介绍，便于读者在实际工作中快速上手。

本书内容丰富、结构清晰，具有较强的实用性和参考价值，可作为职业院校、应用型本科院校以及各类电子竞技赛事相关培训机构的教材，也适合对电子竞技产业感兴趣的读者阅读。

◆ 组　　编　完美世界教育科技（北京）有限公司
　　主　　编　常方圆　王　蕊　范英楠
　　责任编辑　贾鸿飞
　　责任印制　王　郁

◆ 人民邮电出版社出版发行　　北京市丰台区成寿寺路 11 号
　　邮编　100164　电子邮件　315@ptpress.com.cn
　　网址　https://www.ptpress.com.cn
　　固安县铭成印刷有限公司印刷

◆ 开本：800×1000　1/16
　　印张：11.5　　　　　　　　2025 年 1 月第 1 版
　　字数：130 千字　　　　　　2025 年 1 月河北第 1 次印刷

定价：69.80 元

读者服务热线：(010)81055410　印装质量热线：(010)81055316
反盗版热线：(010)81055315
广告经营许可证：京东市监广登字 20170147 号

电子竞技赛事运营"1+X"证书制度系列教材（高级）编委会名单

主　任：

　　徐子卿　上海师范大学天华学院艺术设计学院常务副院长

　　侯雪艳　北京财贸职业学院旅游与艺术学院院长

副主任：

　　孟繁瑀　天津现代职业技术学院传媒设计学院副院长

　　贾　宁　北京财贸职业学院旅游与艺术学院影视多媒体技术系主任

　　高　嬿　上海市群星职业技术学校教学处主任

主　编：

　　常方圆　上海出版印刷高等专科学校电子竞技运动与管理专业学科负责人 / 副教授

　　王　蕊　上海出版印刷高等专科学校电子竞技运动与管理专业教师 / 助理工程师

　　范英楠

编委会成员：

　　刘冬梅　赤峰工业职业技术学院艺术创意学院党总支书记

　　周俊平　乌兰察布职业学院附属中专负责人 / 教授

李果英　呼和浩特市现代信息技术学校电子与信息技术系主任

曾显波　内蒙古通辽市扎鲁特旗职业教育中心副校长

李　煦　天津市滨海新区塘沽第一职业中等专业学校副校长

于金芳　沈阳市轻工艺术学校教务处处长 / 正高级讲师

刘会芳　上海市群星职业技术学校电竞组教研组长

顾华青　上海市信息管理学校课程教学中心主任

刘永茂　巴彦淖尔市第一职业学校美术动漫与艺术设计专业主任

前言

进入 21 世纪后，电子竞技产业快速发展，吸引了众多人士尤其是年轻群体参与。在多种因素的作用下，电子竞技风靡全球，产生了极为广泛而深刻的社会影响，成为一项世界性的运动。

当下电子竞技产业飞速发展，产业链逐渐完善，同时还带动了相关产业的发展，引起社会各界的高度关注，如何培养电子竞技专业人才成了热门话题。人力资源和社会保障部等部门颁布的《中华人民共和国职业分类大典（2022 年版）》中，出现了不少新职业，"电子竞技运营师"便是其中之一。

为满足电子竞技产业快速发展及对运营人才的需求，教育部将"电子竞技赛事运营"纳入第四批"1+X"证书制度试点，由完美世界教育科技（北京）有限公司（以下简称"完美世界教育"）作为职业教育培训评价组织并制定《电子竞技赛事运营职业技能等级标准》。"1+X"证书制度即"学历证书＋若干职业技能等级证书"制度，由国务院于 2019 年 1 月 24 日在《国家职业教育改革实施方案》中提出并实施。一方面，职业技能等级证书是"1+X"证书制度设计的重要内容，该证书不仅与学历证书有机结合，而且是对学历证书的强化和补充。另一方面，职业技能等级证书制度在深化教师、教材、教法"三教"改革，促进校企合作，建好用好实训基地，探索建设职业教育国家"学分银行"等方面发挥重要作用。

为帮助广大师生更好地明确电子竞技赛事运营职业技能等级认证要求，完美世界教育成立了电子竞技赛事运营"1+X"证书制度系列教材编委会，根据《电子竞技赛事运营职业技能等级标准》和考核大纲，组织编写了电子竞技赛事运营"1+X"证书制度系列教材。

　　本书为《电子竞技赛事运营（高级）》，根据《电子竞技赛事运营职业技能等级标准》对高级技能的要求进行编写。本书共4个学习单元，分别是电子竞技赛事项目管理、电子竞技赛事动态包装、电子竞技赛事视频制作、电子竞技赛事直播。本书适合作为职业院校、应用型本科院校相关专业，以及各类电子竞技赛事相关培训机构的教材。

　　完美世界教育希望通过持续努力推动电子竞技相关专业人才的培养，希望学生因对电子竞技的热爱而去学习职业技能，也希望各类院校为行业培养出更多高素质复合型电子竞技赛事运营人才。欢迎广大读者和行业人士对本书提出宝贵的意见和建议。

目录

学习单元 1

电子竞技赛事项目管理

单元概述

本单元面向的工作内容是电子竞技赛事项目管理，主要介绍电子竞技赛事项目的运营流程，电子竞技赛事中的管理模块与职责、风险管理。本单元包括 4 个学习任务，分别为管理电子竞技赛事项目启动流程、使用电子竞技赛事范围管理工具、使用电子竞技赛事进度管理工具、使用电子竞技赛事质量管理工具。读者在掌握以上任务相关的知识后，能够较好地把控整个电子竞技赛事项目的管理。

知识目标

◇ 了解电子竞技赛事项目管理的流程、模块与职责。

◇ 了解电子竞技赛事的风险与意外。

◇ 掌握电子竞技赛事项目的启动过程、赛事范围、赛事进度、赛事全过程的管理工具的使用，并能通过工具展现所有信息，最终帮助赛事落地。

技能目标

◇ 能够使用工具完成电竞赛事阶段图、电竞赛事资源表、电竞赛事执行推进表的制作，对赛事的资源、工作时间进行整体分配，并据此展开具体执行。

◇ 能够使用工具完成电竞赛事工作组分组图、电竞赛事责任矩阵表的制作，明确人员的权责，并展开具体执行。

◇ 能够使用工具完成电竞赛事执行推进表、电竞赛事甘特图的制作，并能根据时间管理的要求展开具体执行。

◇ 能够使用工具完成电竞赛事执行考核表、电竞赛事预算表的制作，对电竞赛事的成本与质量进行控制，并展开具体执行。

1.1　基础知识

电子竞技赛事项目管理指的是赛事项目的运营方以赛事为核心，利用人力、资金、场地、媒体等多方面资源完成电竞赛事项目的策划、推广与落地，并以此获得品牌、流量或经济等收益的过程。

电子竞技赛事项目管理的格局与细节决定了电子竞技赛事推进的顺利程度，也会影响赛事的盈利能力与影响力，还会在一定程度上影响相关电子竞技项目、运营方品牌的声誉等。电子竞技赛事不仅仅在于"赛"，良好的现场观赛体验、优质的赛事内容同样是电子竞技赛事运营的重要组成部分。从某种程度上说，内容生产是电子竞技赛事的核心竞争力。赛事内容会被制作成短视频、图片、表情包等进行二次传播，成为赛事永远的互联网记忆。也正因如此，运营工作一旦出错往往会导致长久的负面影响。

从目标层面来说，电子竞技赛事项目管理不仅仅要保证赛事公平公正、有条不紊地举行，还要力图创造出令观众愉悦的观赛体验（无论是在线上还是线下），更要通过赛事为赞助商及商业合作方、俱乐部及赛事品牌本身创造和提升美誉度与关注度。

1.1.1　电子竞技赛事项目运营流程

不同比赛的形式不同，电子竞技赛事项目的运营流程也有所差异，但一般可分为6 个部分，大致是赛事策划（计划）、赛事招商（资金）、赛事筹备（方案）、赛事推广（营销）、赛事执行（实施）、赛事复盘（收尾）。

以上流程如图 1-1 所示。

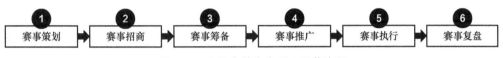

图 1-1　电子竞技赛事项目运营流程

1. 赛事策划

赛事策划阶段需要确定的内容主要如下。

（1）赛事目的。

赛事策划有一项前置环节，即赛事的目的确定，这与赛事的属性密切相关。例如，由电子竞技项目版权方（通常为游戏厂商）发起的第一方赛事的主要目的，一般是为游戏增加关注、流量，并发展新用户、提升用户日活量，以此延长产品的寿命，从而提升游戏售卖或游戏内服务、商品的收益。

例如，DOTA2 国际邀请赛就是全球性的电子竞技赛事，由 Valve Corporation（简称 V 社）主办，该赛事通过巨额奖金与精彩的竞技为 DOTA2 带来了可观的流量。

第三方赛事则是由非版权方、非用户方发起的赛事，其主导方可能是某特定三方赛事 IP（Intellectual Property，知识产权）的拥有者、民间团体，甚至是政府相关部门。例如，在"全球电竞之都"上海，不少街道、居委会组织自己的电竞赛事，这些电竞赛事成为倡导"绿色电竞"、帮助年轻居民相识并参与街道活动的媒介。

所有的赛事策划都要先明确赛事的目的。例如，职业联盟赛事更多肩负的是吸引用户注意力与提升游戏项目影响力的责任，需要更有看点的竞技内容、更激烈的竞技氛围，相应地也就需要更具有刺激性的赛制；而大学生联赛或街道的活动往往需要更多的参与者，以扩大活动的影响力，并且肩负着传播正向价值观的责任。

（2）赛事亮点。

除了比赛本身，赛事策划还要表现出赛事的亮点，这与赛事招商、赛事推广息息相关。清晰的赛事亮点能帮助推广部门（营销/推广组）迅速抓住关键词。使用相应关键词进行线上、线下传播，能帮助招商部门（商务组）找到合适的商务合作方，并促成良好的合作。赛事属性、赛事规模、参赛者属性等都可以是赛事的亮点，例如，参与人员全部是高校在校生的赛事，所形成的人群覆盖就可以吸引以大学生为主要目标群体的商务合作方。

赛事亮点也要充分考虑目标用户的喜好，以目标用户定位赛事招商中的商务合作商。例如，DOTA2 的国际邀请赛 Ti 一直都是备受瞩目的赛事，其中最让人记忆深刻的赛事亮点就是巨额奖金池，以 Ti10 为例，其冠军奖金高达 1820 万美元（据 2023 年 12 月的汇率计算约合人民币 1.3 亿元）。

（3）赛事场地。

赛事场地对线上赛来说就是比赛所使用的服务器或赛事工具，对线下赛来说则是举行比赛的物理空间。例如，王者荣耀高校赛线上赛部分场地是比赛工具"王者人生"，线下赛场地则是各个学校的体育场馆或阶梯教室。

（4）赛事时间。

赛事时间的选择要尽量考虑到选手与观众两方面。要选择选手方便、观众空闲的时间。例如，城市赛最好选择周末，为非职业的参赛选手参赛创造时间条件，同时可以获得更多观众的关注；校园赛则最好不要与考试周重叠，这样会让选手产生心理压力甚至退赛，校园赛同样可以安排在周末，以获得更多的观众。

（5）赛事赛制、赛程。

确定以上内容之后，就要开始规划赛事的内容，确定相关的赛制、赛程。根据不同电子竞技项目及赛事的特色设置赛制，如循环赛制、淘汰赛制、混合赛制、扩展赛制、格斗赛制、轮盘赛制等。

不少大型赛事都会综合采用两种以上赛制，而非单一赛制，这样可以综合两者的优势。近年来，不少职业联盟赛事在赛制设计时会在比赛公平性的基础上考量赛事的观赏性，保证现场与直播能带给观众良好的观赛体验。常见单一赛制的优缺点见表 1-1。

表 1-1　常见单一赛制的优缺点

类型	优点	缺点	常见赛事
单败淘汰赛	最常见的赛事类型，快速便捷，每一场比赛都需要队伍全力以赴，少有消极比赛现象，能提升赛事精彩程度	一场定输赢，"种子"队可能落败，"黑马"队可能晋级	TGA 大奖赛
双败淘汰赛	败者仍有机会晋级下一轮，降低外因造成的"爆冷"概率	比赛流程比单败淘汰赛制长了许多，场次偏多	DOTA2 西雅图邀请赛
积分循环赛	队伍数量无须是 2 的平方，适合时间跨度较长的联赛，最大程度减少强队出局的情况	强弱差距明显的比赛观赏性较差	LPL/KPL 常规赛
冒泡赛	赛程长度适中，高顺位队伍有绝对优势，低顺位队伍也有夺冠的可能性	需要和其他赛制进行结合	LPL 季后赛

比赛局数指每场比赛进行游戏的总局数，BO 是 Best Of 的缩写，常见的 BO3 和

BO5 分别指通俗说法中的三局两胜和五局三胜。局数增多，但爆冷概率会随之降低，比赛时间也变得更不可控。

BO1（一局定胜负的局数设计）也存在于电竞比赛中，其特点是时间易把控，在双方实力差距较小时具有很强的观赏性，但公平性有一定损失，爆冷概率高。

BO2 则是双局，在积分循环赛中较为常见。BO2 很容易控制时间，在 MOBA（Multiplayer Online Battle Arena，多人在线战术竞技）类游戏中，BO2 被认为是较为公平的赛制局数，这是由于在职业比赛中，蓝方借由 BP（BAN/PICK，电子竞技游戏中的一种比赛术语，BAN 为禁用，PICK 为挑选）优势与地图优势，胜率往往高于红方，而在 BO2 双局中，机会均等。BO2 的积分方式则是连赢两局记 3 分，双方各赢一局各记 1 分，连输两局记 0 分。

BO3（三局两胜）适用范围广，不仅适用于积分赛，也适用于各类淘汰赛，是最常见的"民间"赛局数。许多学生自发组织的电竞赛事均采用 BO3 赛制。但 BO3 在时间把控上会有很大难度。

较之 BO3，BO5（五局三胜）时间把控的难度更大，但其能够降低爆冷概率、提升内容输出的强度以及提升观赛体验。大型赛事的四强赛、冠军赛、季军赛均适用 BO5。

电子竞技赛事比起大部分体育赛事有特殊的优点，即在特殊情况下可以开展线上赛事。

选择线上赛还是线下赛还需具体根据赛事本身特性进行。例如，学校内部的电子竞技赛事适合线下赛，因为赛事规模相对较小，选手相对集中；参赛者不超过 60 名的卡牌类电子竞技项目全国粉丝赛更适合线上赛，因为赛事规模小，参赛选手不集中；MOBA 类电子竞技项目的全国校园赛则更适合线上赛和线下赛结合的形式。

电子竞技赛事形式及其适配类型的归纳见表 1-2。

表 1-2　电子竞技赛事形式及其适配类型的归纳

赛事形式	优点	缺点	适配类型
线上赛	成本低，赛程短	裁判难度大，舞弊容易	参赛选手不集中
线下赛	裁判难度小，不易舞弊	成本高，赛程长	参赛选手集中
线上赛＋线下赛	成本均摊，相对公平	运营中需要精确掌握时间线	中等规模赛事

（6）奖金池与参与方式。

奖金池是赛事的奖励设定，指所有奖金的合计。奖金池通常与主办方的经济实力、赛事规模相关，是非常重要的宣传亮点。

赛事参与方式主要指电竞选手报名与登记信息的方式。例如，作为第一方赛事的城市赛可以在游戏中设置开屏广告形成入口，吸引用户点击报名；第三方赛事则需要调用其他非官方的信息渠道，例如街道组织"五四青年节友谊赛"就需要通过张贴海报、给社区成员群发消息等方式进行告知。

参赛选手的基本信息需要针对不同数据点进行登记。例如，姓名、年龄、联系方式、电话号码、游戏 ID、游戏大区、段位、战队名称等。值得注意的是，出于对未成年人的保护，在接受报名时需要核对身份信息，确认选手年满 18 周岁。

2. 赛事招商

赛事招商指电子竞技赛事的主办或运营管理方，根据赛事的相关资金或资源需求，寻求资金或赛事提供方，并在此基础上为提供方创造品牌价值或流量价值的商务活动。赛事招商包含制作招商权益表、组建商务开发团队、对接招商细节、确定权益细节、调整赛事策划、敲定合同文本等工作内容，赛事结束后还需向提供方呈交总结报告等。

在此阶段中，赛事的商务部门或商务拓展（Business Development，BD）部门要根据赛事活动可以提供的相关权益制作完整、明晰的权益表；根据商务合作对象的具体要求对赛事的策划、活动亮点进行修改；在赛事举办的过程中对权益的实施进行监控；赛事结束后要向合作方提供相关的营销数据报表与总结报表。整个流程中，赛事商务拓展部门的作用是减少赛事主办或运营方与商务合作方之间的沟通摩擦，均衡双方利益，以达到双赢。

表1-3所示为某赛事招商权益简表。可以看到，目前在商业合作方面，权益基本可以量化、数据化，这也对商业合作领域电子竞技赛事的举办提出了一定要求。

表1-3　某赛事招商权益简表

权益分类		渠道覆盖	具体权益
品牌授权		—	"某赛事冠名赞助商"称号用于宣传推广，包括电商平台、广告传播等
		—	赛事Logo用于品牌宣传推广
		—	赛事主视觉包装用于品牌宣传推广
线上资源	赛事首页	地方媒体/某游戏官方媒体	官网首页主视觉Logo呈现
	赛事资讯		资讯传播文稿中内容体现品牌
	赛事视频		视频内容中品牌Logo角标露出
	赛事报告		赛事报告页中品牌信息露出（Logo展示+图文介绍）
	赛事图片		赛事图片中品牌Logo角标露出
	赛事竞猜页		活动页面柔性露出（活动奖励展示、页面跳转、页面底部广告等）
	赛事直播流	官方信号流	解说开场，介绍品牌并展示Logo
			赛后鸣谢品牌
			对战中角标体现品牌
			解说口播介绍

该表格仅为简表。在实际的商业合作中，对品牌 Logo 露出的次数、尺寸、时间等会做更加详细的描述，也会对客户品牌的物料、品类的相关限制等提出更多要求。值得注意的是，在招商过程中，需遵循主流价值观，不违反公序良俗，在为电竞观众提供积极向上的电子竞技娱乐内容的同时，营销的渠道应推荐具有正向影响力的品牌。

3. 赛事筹备

在赛事筹备的过程中，需要安排推广计划，根据赛事的推进节奏对物料、场地设施等资源进行梳理，并对预算进一步细化，建立团队并设置管理制度。

赛事筹备的过程类似于家庭成员共同完成一次家宴的过程：打开冰箱看看有哪些菜，冰箱里的菜就是目前所拥有的资源；冰箱里缺少但可以购买的菜就是可以调动的资源，但需对预算进行明确；之后就可以列出对应的菜单，统筹安排切配、烹饪时间以及相关任务的负责人员，尽量在预定时间内完成这次家宴的准备。以上这些如果形成文本，就是一本家宴执行手册。当对象变成电竞赛事项目，就是一本电竞赛事项目的执行手册。

执行手册的相关内容将在"1.1.1 电子竞技赛事项目运营流程"的"5. 赛事执行"部分进行详细讲解。

执行手册的形成需要从资源、时间、人员、预算等各方面入手。需要说明的是，资源的盘点是赛事准备的要点，也是执行手册形成的前置条件。从盘点资源开始，即可启动一个新项目或现有项目的新阶段。

启动一个新项目时，要明确相关的时间、资源等概念。制作赛事项目阶段图、赛事项目资源表等都可以帮助项目顺利启动，迅速找到运用资源、合理控制时间完成目标的方法。同时，界定项目内容的边界、必要与非必要性等，可以通过范围模块来明确。例如，赛事的场外交通虽乍看与赛事联系不大，但在大型赛事中是需要与交通管理部门沟通相关工作的。

　　表 1-4 所示为某电竞联赛直 / 转播设备一览表。通过这样的表格对需要的，或可调动、可购买的资源进行全面盘点，可以为之后的预算编制做准备，让项目运营者心中有数。

表 1-4　某电竞联赛直 / 转播设备一览表

		序号	设备名	备注	数量	天数
直转播设备	视频系统	1	切换台	NewTek TriCaster8000	1	6
		2	字幕机	大洋	1	6
		3	转换盒	DAC-70/TV-ONE	15	6
		4	推流机	高配 i7 GTX1080 采集卡	2	6
		5	广告机	高配 i7 GTX1080 采集卡	2	6
		6	反监电视	长虹	2	6
		7	回放机	3Play	1	6
		8	电视转换盒	eklSDI 转 HDMI 转换盒	3	6
		9	绿联视分	CS-LINK2249 1 进 4 出	2	6
		10	OB 机（主机）	高配 i7 GTX1080	2	6
		11	苹果 HDMI 转换器	技光 JK-S9 苹果 Lightning 转 HDMI 转换器	3	6
		12	OB 机（手机）	iPhone 8Plus 及以上	3	6
		小计				
	音频系统	13	调音台	雅马哈	1	6
		14	头戴麦克风	铁三角 BPSH1	5	6
		15	音频隔离器	JQ AUDIO 音频隔离器	3	6
		16	鹅颈	得胜	1	6
		17	监听音箱	雅马哈	1	6
		小计				
	线材	18	SDI 线	佳耐美	25	6
		19	HDMI 线	绿联	20	6
		20	DVI 线	绿联	20	6

续表

		序号	设备名	备注	数量	天数
直转播设备	线材	21	HDMI 转 DVI 线	ATICKBASE	15	6
		22	卡农线（公母头）	佳耐美	18	6
		23	卡农线（母母头）	佳耐美	18	6
		24	音频隔离器	JQ AUDIO 音频隔离器	3	6
		25	卡农转 6.5	海天牛	16	6
		26	音分	绿联	10	6
		27	怪兽头	绿联	10	6
		28	莲花转卡农	甬威	5	6
		29	莲花转 3.5	绿联	6	6
		30	电源线	绿联	25	6
		31	网线	秋叶原超五类	15	6
			小计			
	其他	32	拖线板	公牛	15	6
		33	显示器	BenQ DL2200/sonyLMD-2041W 监视器 /Dell	12	6
			小计			

4. 赛事推广

赛事推广是电竞赛事项目运营中非常重要的部分,决定了赛事的参与度与影响力。在实际工作中,赛事推广的结果具有长尾效应,可以进一步扩大赛事品牌影响力,因此赛事推广所达成的效果对赛事招商来说也具有决定意义。

赛事的推广可以分为 3 部分:第 1 部分是赛前推广,包括选手的招募、对赛事线上线下观众注意力的获取等;第 2 部分是赛事中的推广,包括赛事的节目推广及赞助商的合并推广等;第 3 部分是赛后内容的二次传播等。

赛事推广计划包含确定推广预算、制订整体推广计划、确认推广周期与内容、确认推广渠道与预估推广效果等。赛事推广重在提升推广的费效比，即在有限的预算内使推广效果达到最好。推广效果包含定量指标（如参赛的人数、直播的流量、观赛的人数等）和定性指标（如公众对于该赛事的评价等）。

表 1-5 所示为某赛事赛前推广执行方案示意，其中包含电竞赛事赛前推广过程中的各时间节点、执行项目、物料内容、宣发方式与媒体资源等。不同赛事可以根据不同的实际情况进行推广方案的制定、目标人群的锁定、推广渠道的选择等。

表 1-5　某赛事赛前推广执行方案示意

时间节点	执行项目	物料内容	宣发方式	媒体资源	备注
比赛前6个月	新闻发布会（官方宣布比赛确定）	邀请函、嘉宾卡、发布会易拉宝、发布会海报、会场指示牌、发布会背景板、签到墙、媒体证件、招商手册、手提袋（内含签字笔、笔记本、文件袋、纪念品）矿泉水、水杯、茶歇点心与水果等	线下发布、线上直播	电视媒体、平面媒体、网络媒体	
比赛前100天	友谊赛（倒计时100天活动）	战队宣传片、友谊赛海报	线上直播	网络媒体、电竞类自媒体	
比赛前1个月	对抗赛（倒计时1个月活动）	赛事宣传片（含赛事预告）、赛事介绍文案（媒体通用）	线上直播	网络媒体、电竞类自媒体	

5. 赛事执行

赛事执行的整体目标是统合各部分资源管理，组织各部门人员将电竞比赛执行落地，组建群组沟通，保证各部门人员行动统一。简而言之就是把所有的管理信息、沟通信息、执行标准、相关文本进行整合，在预定时间内按照预定质量完成电竞赛事项目。

赛事筹备阶段制定的执行手册应包含较为全面的关于赛事执行的标准，这些标准需根据不同赛事的具体情况进行撰写。

电竞赛事的执行手册一般应包含执行推进表、甘特图、项目分工联络表、执行分工、筹备期分工、奖杯奖牌队服、门票核销机制、门票设计、推广渠道清单、赛事相关人员订票信息、住宿安排信息、接送车辆安排信息、场地信息、搭建效果、舞台区流程、赛程、比赛账号、直转播包装设计及素材列表、物料清单及设计等。

对于赛事相关的文本,执行手册中也应进行呈现,如用于选手管理的选手保险书、选手手册、参赛协议书、免责声明、请假证明等;用于执裁与颁奖环节的裁判须知、裁判执裁手册、成绩确认单、奖金发放信息表、弃赛协议等;用于人力资源管理方面的比赛服使用手册、兼职管理手册等;用于赛程与赛事节目质量控制的主持人串词与口播稿等;用于观众现场互动礼品发放登记的签收表、明确支出权责的车辆接送登记、用餐登记等。

一场大型赛事的执行手册,还包含非常详细的公共交通指南,以规避场馆周边交通拥堵,甚至给出相关地铁线路、站点运营的截止时间。

这些对于项目的整体负责人来说是极大的考验,负责人要将任务权责明确地进行分配、管理并与相关工作人员保持沟通,依照手册进行执行。

(1)时间控制。

图 1-2 所示为某赛事时间节点规划进度表。在时间控制方面,不少赛事按照时间节点规划进度表进行赛事项目管理与任务推进,将电竞赛事项目目标进行分解,明确项目中不同工作在推进中的实施顺序。这样不仅可以保证项目计划执行过程中任务与时间直观展示,更可以通过表格同步所有相关成员的行动进度。

目前,有不少可供全体成员在线编辑与阅读的表格服务,这些服务可以帮助项目运营成员及时同步信息,并防止版本错误造成工作延误。选择在线表格需注意权限必须分离清楚,防止表格被意外修改。

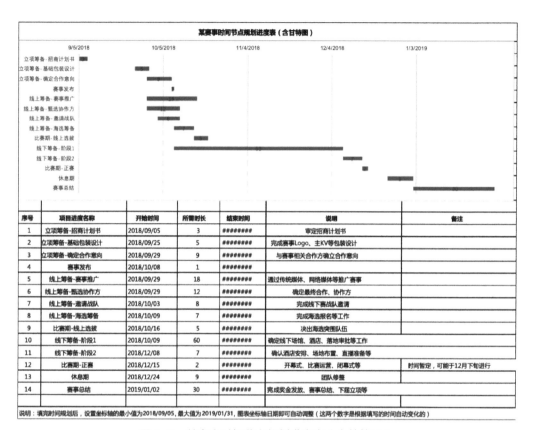

图 1-2　某赛事时间节点规划进度表（含甘特图）

（2）质量控制。

电子竞技赛事项目中的质量控制是指可以通过工作的关键绩效指标（Key Performance Indicator，KPI）与考核点进行度量，并根据 KPI 进行工作考核达成的对质量的控制。例如，对直播的观看人数做一定的 KPI 要求，可以对电子竞技赛事项目的传播质量进行定量考核。对于线下赛事的执行可以通过人流量、宣传物料的摆放标准以及赛事流程的正确度来进行定性考核。

表 1-6 所示为某全国性赛事执行手册中的单场网吧赛物料质量控制。该表格供线下执行的外包商或执行人员用来赛前核对物料，其中记录了印刷方式、材质及相关尺

寸等信息。

表1-6 某全国性赛事执行手册中的单场网吧赛物料质量控制

名称	印刷方式	材质	尺寸（宽×高）	数量（每次）	单位	备注
海报	彩色	写真PP	60×90	5	张	贴双面胶
横幅	彩色	原色布	760×60	1	条	带挂绳
奖金板	彩色	KT板	120×55.8	1	个	
展架	彩色	PVC硬片	80×180	2	个	X形展架
显示器贴	彩色	KT板	30×10	20	套	

表1-7所示为某全国性赛事执行手册中的执行考核依据。制作该表格的目的是供线下执行的外包商或执行人员明确赛事执行质量的考核标准，了解如何在赛事进行过程中拍摄相关的佐证材料并在赛后进行提交。表格中展示了考核的细项及其权重，为考核提供了量化的依据。

表1-7 某全国性赛事执行手册中的执行考核依据

考核项目	考核权重	考核编号	考核细项	细项权重	考核要求	指标说明	考核要点
人数	20%	1	人数	20%	56人	网吧赛队伍不少于6支	
现场布置	15%	2	物料布置	15%	5张	在物料布置完成后单独对物料进行近景拍摄，需能清楚看清物料。拍摄对象至少包括比赛区、海报、横幅、易拉宝等，每种物料1张	物料张贴必须平整规范

续表

考核项目	考核权重	考核编号	考核细项	细项权重	考核要求	指标说明	考核要点
现场执行	60%	3	比赛现场	15%	5张	从两个不同方向拍摄比赛区域全景，照片能综合展现比赛现场情况：参赛玩家、人气、海报、展架等	缺少一种物料扣除本场活动费用5%，某游戏照片中比赛玩家合计数量不得少于40
		4	比赛过程	30%	10张	1.赛事筹备（2张）：需体现玩家数量及人气 2.赛事开始（2张）：双方战前握手或团队相互打气的照片 3.玩家特写（2张）：拍摄玩家专注比赛的神情特写，多角度拍摄捕捉精彩瞬间 4.观众照片（4张）：体现现场围观观众数量及人气	照片要求横版，每张照片须包含现场物料，清晰展示现场情形及玩家行为
		5	战队合影	10%	海选赛9张，城市赛5张	1.开赛前全体选手手持横幅合影1张，须在室外拍摄，以网吧门头为背景 2.某游戏参赛队伍合影各1张	合影时前排选手手持横幅，合影照片人数不少于30
		6	奖金	5%	海选赛4~8张；城市赛6张	冠军战队持奖金板在背景墙下进行拍照	
投诉反馈	5%	7	投诉	5%		每例投诉占比5%	裁判执行比赛保证公平公正，确保比赛正常进行

（3）成本控制。

电子竞技赛事所需要的成本，一般会在赛事项目执行的准备阶段进行预算的过程中大致确定，并在执行完毕后根据执行结果编制会计报告，形成相关决算。通俗来说，整个过程就是项目执行计划要花多少钱、怎么花，花完后把账簿复盘整理。

成本控制的目的在于花费更少的人力、资金，达到与一般成本投入相近的效果。除了预算与决算外，成本控制也是非常常见的成本管理手段。例如，在某些赛事推广中利用资源置换达到无成本或少成本的效果，就是成本控制的一种体现。

成本管理可以在电子竞技赛事的策划阶段预估赛事的成本规模，甚至可以预估利润的相关情况，为赛事招商及商务合作的达成提供可靠的数据。在赛事推进中，可通过预算对赛事的采购、询价、人员安排进行成本控制，也就是所谓的"不超预算"。

构成电竞赛事的空间需要租赁场地，并在此基础上对场地进行动线设计、舞美设计，并制作物料进行搭建，其中包含灯光、大屏、音响以及观众席等。有的场馆具备以上设施，直接租赁即可。

除此之外，租赁场地的同时还需要租赁设备来保证赛事的顺利运行与直播，所以直播设备、通信设备的租赁，以及其他小型设备、耗材（如电池、插排）的购买等均需计入成本。此外，与赛事相关的背景板、队旗、服装，甚至是小贴纸、小道具等，也都应该计入物料成本内。另外，以上所有设备、物料的运输需归入交通成本。

在实际赛事举行的过程中需要有人员负责赛事的推进，这些工作人员的薪资构成了基本的人员成本。人员构成参考"1.1.2 电子竞技赛事中的管理模块与职责"中的"2. 赛事执行过程中的工作组及相关职责"。因此，工作人员的餐饮、交通、住宿也要计入相关成本。

对于赛事前期、中期与后期的内容制作、推广也在成本预算范围内，一般情况下按照制作渠道、人员薪资等小项目进行单列。

对于不同商业形态的赛事运营方来说，赛事成本的估算方式并不相同。例如，雇佣员工的企业，与人力资源全部使用外包的赛事运营方相比，其固定成本与变动成本就不尽相同，要根据赛事运营主体的具体情况具体分析。

赛事成本中，有看得到的直接成本，如一定会发生的场地租赁、搭建及物料制作、工作人员薪资等；也有间接成本，如管理费用、保险费用、办公费用等。

有些工作需要购买公司外部的人力或物力才能完成，这种相关模块被称为采购模块。例如，将一个电子竞技赛事的品牌主视觉（Key Vision，KV）外包给一家知名品牌设计公司设计，就是一种采购行为，也属于赛事成本。

在预算编制时，应对类目进行详细分类，并对预算进行合理安排。预算过高会导致项目的合理性降低，即花费了巨额经费却达不到预期效果；预算编制过低则会导致后期项目运营过程中出现预算不足的窘境。因此，寻找平衡点是预算编制的要点。

表 1-8 所示为某电竞赛事预算表，该表比较简略，适合小型赛事。表中隐去了相关数据，但可以看出，预算阶段分别从场地租赁、场地舞美视觉、场地基建、设备采购与租赁、物料采购、人员成本、餐饮、交通、住宿、项目宣传、备用金等方面进行了财务规划，并形成相关预算。

表 1-8　某电竞赛事预算表

序号	类别	项目	单价	数量	天数	费用	备注
1	场馆租赁						
		小计					
2	场地舞美视觉	舞美设计					场地舞美
		视频					
		大屏素材					
		小计					
3	场地基建	租赁费用					
		灯光、音响、大屏					

续表

序号	类别	项目	单价	数量	天数	费用	备注
3	场地基建	水、电费					场地舞美
		网费					
		小计					
4	设备采购	固定设备采购					
		小计					
5	设备租赁	直播设备租赁					
		通话设备租赁					
		额外设备租赁					
		小计					
6	物料采购	服装采购					技术与执行
		现场小型制作物					
		采访区					
		电池					
		摔不烂插排					
		互动道具					
		其他					
		小计					
7	人员成本	CP 技术支持					人员成本
		兼职团队（含摄像）					
		赛事化妆团队					
		特殊需求 CP 执行人员（小计）					
		灯光					
		大屏					
		音频					
		IT、网络维护					

续表

序号	类别	项目	单价	数量	天数	费用	备注
7	人员成本	计算机维护					人员成本
		场馆管理					
		保安					
		内部执行人员成本（小计）					
		导演					
		导播					
		执行					
		项目CP外聘成本（小计）					
		小计					
8	餐饮	工作人员餐饮					后勤
		选手餐饮					
		公共招待					
		小计					
9	交通	人员交通					
		设备运输					
		额外交通					
		小计					
10	住宿	工作人员					
		额外住宿					
		小计					
11	项目宣传	公关传播费用					推广与宣传
		材料制作费用					
		视频拍摄费用					
		人员成本					
		餐饮交通					
		地面推广					
		资源置换					
		发行与直播					
		小计					

续表

序号	类别	项目	单价	数量	天数	费用	备注
12	备用金	备用金					推广与宣传
		小计					
		小计成本					
		税费					
		合计成本					
		合同价					
		利润					
		利润率					
业务负责人签字：							
运营中心签字：							
总裁签字：							

其中，备用金是给予项目一定容错率的设置，备用金可计入额外发生花费的预算。

预算的最终目的并不是形成一个表格，而是通过表格帮助电竞赛事项目管理的各部门进行有效的资源管理与财务管理，并达成一致。在此情况下通过的最终预案，可由负责人签字确认。

6. 赛事复盘

赛事复盘是对电竞赛事的执行过程进行完整的理性分析与感性分析，复盘赛事执行中的问题。复盘不仅可以生成商务合作方的数据报告，也可改进之后的赛事执行方式。

从赛事本身来说，赛事复盘可以从多方面进行：从时间控制项入手，包括项目日程是否按期推进、项目进程是否拖延等；从质量控制项入手，包括赛事是否顺利完成、赛事进行过程中的相关数据是否理想等；从影响力入手，包括赛事直播过程中是否有舆情、赛事的观众上座率、赛事直播的观看数据等；从硬件方面入手，包括场地的电力与舞台规划（舞台舞美、对战房、解说台、灯光等），现场的背景、吊旗，地面的指引，奖杯、奖牌等。

如果是专门提供给商业合作方（即赞助商）的赛事复盘，则应更加注重商业合作伙伴的品牌传播数据，如品牌露出时长、出现次数、传播效果、数据增长等。

图1-3所示为某电竞赛事赛后复盘PPT的一页，该PPT侧重于赛场的搭建及效果，是从硬件方面进行的有针对性的全面复盘。

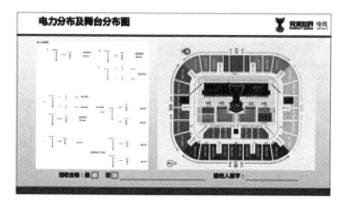

图1-3　某电竞赛事赛后复盘PPT的部分页面缩略图

1.1.2　电子竞技赛事中的管理模块与职责

1. 赛事筹备过程中的诸多参与方

（1）赛事主办方。

电子竞技的赛事主办方是电子竞技赛事运营与管理的主体，可以是企业，也可以是其他相关的组织或机构。主办方拥有赛事相关的品牌及IP，并对赛事的定位、项目、规则、举办时间、地点、赛制、方式等拥有最高的决定权。主办方可以只有一家，也可有两家甚至更多。主办方针对赛事的定位与目的需要非常明确，并以此为目标管理执行方和参与方。

（2）赛事赞助方。

赛事赞助方即常说的商务合作伙伴，通过对电子竞技赛事提供相关的资金、场地、设备或媒介，获得在赛事中的曝光与互联网流量。赛事赞助方是赛事商业价值的体现，也是赛事的重要合作伙伴，帮助赛事扩大规模、提升品质，并在双赢的基础上获得相关的广告价值或公关价值。

（3）赛事执行方。

电子竞技赛事的执行方可以说是负责具体工作的主体，在大型赛事中可能有不止一个执行方完成执行工作的落地。例如，场地搭建及舞台美术设计是一个执行方，而电竞赛事的推广则是另一个执行方。这是由于电子竞技赛事是一种工作内容较多而且相对复杂的项目，需要不同领域的专业人士参与，这也是大型电子竞技赛事拥有多个外包商的原因。在此情况下，主办方要做好相关沟通、工作协调、进度监督等工作。

表 1-9 所示为某电竞赛事的工作分解表，列示了面向不同对接人的若干项执行项目。如面向公关负责人的赛事公告，包含相关的赛前赛中宣传；面向场地负责人的场地规划，包含场地选取及物料的统计与测量以及场地搭建（含押金、搭建方案、吊顶方案等）；报批，包括向消防、公安、文化等部门报批。此外，工作分解表还包含面向节目部项目负责人的包装设计、视频制作，面向网络工程师的网络实施方案及流程，面向节目部技术负责人的网络开通准备，面向客户、场地搭建施工方、节目部项目负责人的场地设计、舞美、节目流程、布线和物料，面向节目部技术、项目负责人的设备搭建、设备验收及调试，面向赛事负责人的门票、赛制、赛程、战队信息确认、战队接待、赛事管理，面向 IT 负责人、节目部项目负责人的赛前检查等执行项目。

表 1-9 某电竞赛事的工作分解表

对接人	执行项目	工作内容/流程	备注	负责人	截止时间
公共负责人	赛事公告	公布赛事时间及相关事宜	①中国区名单 ②东南亚区名单 ③欧洲区名单 ④城市场地公布 ⑤赛前宣传 ⑥赛中宣传		
场地负责人	场地规划	场地选取推荐	收集场地信息并进行整理推荐，包括场地尺寸、平面图、空场照片、档期情况、场租费用/单位时间，其他费用（空调、水电、停车、撤场、保安、指定供应商费用等），以及周边交通、住宿、餐饮、医院等		
		物料统计、尺寸确认			
		场地搭建	停车证、施工证、工作证、导引牌、洗手间指引、宣传物料（门头、桁架、挂旗、道旗等）		
	报批	向消防部门报批	押金、搭建方案、效果图、吊顶方案、用电方案、清洁方案、人员上岗证、电工上岗证、高空作业证，人员车辆路线图等		
		向公安部门报批			
		向文化部门报批	核实费用和安全工作方案、提交材料（向场地方申领材料清单和模板，明确相关部门的审批时间或通过场地方办理，做好审批未通过的预案）		
节目部项目负责人	包装设计	KV设计			
		包装清单确认			
		包装设计样例确认			
	视频制作	视频清单确认			
		视频及定妆照拍摄计划制订			
		视频素材整理			
		先导宣传片制作			

续表

对接人	执行项目	工作内容/流程	备注	负责人	截止时间
网络工程师	网络实施方案及流程	设备收货地点确认设备数量确认	包括OB机、C主机机器		
		比赛用显示器连接线测试			
		驱动更新确认			
		计算机显示器外设安装			
		比赛场地走线方案制定			
		网络方案制定			
		网络布线方案制定			
		推流直播方案制定			
		电信网络宽带确认	根据游戏运行需求确认		
		酒店网络确认			
		计算机硬件配置确认	相关驱动文件整理		
		系统版本确认			
		游戏版本确认			
		收货地址、收货时间、收货人确认			
		计算机安装位置确认			
		对战房网络布线			
		计算机显示器装机			
		游戏安装			
		网络测试			
		比赛结束计算机设备回收	数量清点		
		网络接入服务商联络			

续表

对接人	执行项目	工作内容/流程	备注	负责人	截止时间
节目部技术负责人	网络开通准备	现场网络勘测			
		网络开通			
		场地勘测	周边环境考察、尺寸测量、硬件设施考察（电网、吊顶位置承重、地面承重、空调、停车场、出入场路线、货物通道、电梯、用餐区域、VIP室、场地物料）		
客户、场地搭建施工方、节目部项目负责人	场地设计	功能区域划分	需考虑卫生间的位置		
		功能区域制作			
		舞台设计			
	舞美	舞台效果图制作			
		舞美制作			
		用电方案制定			
	节目流程	节目流程执行单初稿拟定	开幕式流程提前与节目部确认，节目部确认后再让选手上台		
		节目流程执行单确认	确认好的节目流程执行单需通过电子邮件群发相关人员		
	布线	音频、视频布线方案制定			
		种类确认			
	物料	物料种类确认	搭建物料与外部物料分开，搭建物料与节目部确认		
		数量确定			
		设计			
		制作			

续表

对接人	执行项目	工作内容/流程	备注	负责人	截止时间
节目录技术、项目负责人	设备搭建	正式搭建			
	设备验收	验收搭建			
	调试	赛事用机到位			
		推流机到位			
		网络调试			
		直播推流调试			
		赛事用机调试			
赛事负责人	门票	游戏内门票申请			
	赛制	赛制制定			
	赛程	赛程制定			
	战队信息确认	战队邀请			
		战队参赛确认			
		战队信息收集	Logo、选手ID等		
		赛事素材拍摄时间确认	定妆照拍摄时间等		
		战队行程信息确认			
		战队日程安排			
		战队赛前会议	分发选手手册等		
	战队接待	选手机票购买	提前确认航班，与受邀战队确认往返时间		
		酒店吸烟区确认			
		战队用药品确认			
		战队机场接送	房间、走廊、安全楼梯		
		对战房布置	确认对战房内设备完善		
		战队接待酒店安排	确认每位选手的房间号，分发赛事手册等		
		接待工作人员招募	根据接机表和饮食采购方案决定人数和工作安排		

续表

对接人	执行项目	工作内容/流程	备注	负责人	截止时间
赛事负责人	战队接待	战队住宿地餐饮安排	每日用餐地点及人数，每日零食		
		战队比赛场馆餐饮安排	提前确定食品补给数量和运输方式		
		酒店比赛时用餐确认	错过酒店用餐时间的备餐		
		战队交通安排	尽可能做到每支比赛战队配一辆专车		
		战队随行人员观看比赛	小组赛比赛观看地点		
		战队对战房安排	清洁对战房		
		战队员采访	安排并引导队员接受赛后采访		
		战队回程确认	比赛过程中及时确定行程有变化的战队		
		战队送机			
		战队饮食忌口确认			
		战队特殊需求确认	针对有额外需求的战队提前准备		
	赛事管理	选手手册制定	选手手册相关工作须固定负责人（1～2人）		
		赛事规则制定			
		确保每日多赛队伍提前到场			
		确保国外战队VPN正常运行			
		每日赛事流程确认			
		确保赛事积分情况实时更新			
		赛事奖金发放			
		裁判数量确定			
		裁判接待			
		裁判信息收集			
		裁判交通安排			
		裁判餐饮安排			

续表

对接人	执行项目	工作内容/流程	备注	负责人	截止时间
赛事负责人	赛事管理	裁判手册制定			
		裁判培训			
		裁判工作方案制定	工作内容、流程确认		
		裁判工作分配	工作时间及场次分配		
		裁判兼职协议签订及费用结算			
IT 负责人、节目部项目负责人	赛前检查	选手路线规划	选手上台路线		
		比赛设备调试确认	需要 10 个人调试游戏		
		游戏客户端更新	第一场比赛前		
		驱动程序安装	携带驱动程序		
		舞台与对战房清洁			
		对战房温度调试			
		用电安全保障，防止断电			
		电视、计算机等的信号确认			
策划负责人、节目部项目负责人	活动策划	内场活动策划			
		外场活动策划			
		舞台活动策划			
	礼仪小姐、舞蹈演员（show girl, SG）	礼仪方案及表演方案确认			
		前期招募			
		差旅方案制定			
		餐饮安排			
		住宿安排			
		协议签订及付款安排			

续表

对接人	执行项目	工作内容/流程	备注	负责人	截止时间
市场部招商负责人	招商方案制定	权益设置			
		露出位安排			
	赞助方案确认	赞助商确认			
		赞助内容确认			
		权益确认			
后勤保障负责人	酒店	酒店工作人员确认			
		酒店房间数确认			
		酒店合同签订			
		酒店费用结算			
	餐饮	餐饮套餐标准确认			
		用餐人数确认			
		用餐时间确认			
		用餐地点确认			
		餐饮费用结算			
	交通	交通方案确认			
		大巴数量确认			
		大巴车次、时间确认			
		机票预订			
		交通费用结算			
	物料	赞助货品、奖杯、电竞椅等的收发			
	运输	设备运输			
	兼职	兼职人员及相应的差旅方案确认			
		兼职合同签订及费用结算			

续表

对接人	执行项目	工作内容/流程	备注	负责人	截止时间
节目部项目负责人、赛事负责人	OB	OB数量确定			
		OB接待			
		OB交通安排			
		OB餐饮安排			
		OB培训			
		OB兼职协议签订及费用结算			
	解说	解说邀请			
		解说信息确认			
		解说排班			
		解说交通安排			
		解说接待酒店安排			
		解说餐饮安排			
	视频上传	VOD上传			
媒体负责人	媒体	媒体区域确认			
		媒体工作方案确认			
		媒体数量确定			
		媒体邀请函发送			
		新闻通稿撰写			
		媒体信息确认			
		媒体机票购买			
		媒体酒店接待			
		媒体日程安排			
		媒体餐饮安排			
		媒体交通安排			
	宣传图片	图片具体内容设计			
项目负责人	酒店	酒店合同签订	每日浮动量、保底数、入住及退房时间		
		酒店餐饮安排	每日保底数		
		选手房间安排			
		洗衣标准确认			

值得注意的是，并不是所有电竞赛事项目的工作分解都是同一种模式，很可能会根据不同的工作流与工作组进行分解。分解方式也可以由相关人员决定，如当设备供应商承担一个整体模块或其中几个模块时，在此范围内工作分解就可能更具整体性，并有更具变通性的项目细化方式。

2. 赛事运营过程中的工作团队及相关职责

图 1-4 所示为某电子竞技赛事运营团队架构。在现实工作中，并非所有的电子竞技赛事的运营团队架构都如此，会根据赛事规模、举办形式的不同而有所变化，工作分工与模块分责也会动态调整。赛事运营所需的全部人员，及他们所提供的技能、经验、时间和劳动都被称为人力资源，赛事运营工作人员分为管理人员、执行人员和支持人员。所有人员都应在相关岗位上按照一定的管理执行标准完成各项工作。

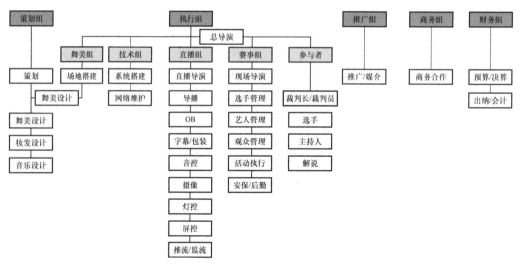

图 1-4 某电子竞技赛事运营团队架构

为了使大家更好地掌握电子竞技赛事项目的运营相关工作，我们将通过以下任务介绍电子竞技赛事运营流程，增强大家对赛事项目管理的理解与认识。

通常情况下，电子竞技赛事运营团队可分为商务团队、财务团队、推广 / 营销团队、后勤团队和执行团队。

（1）商务团队。

电竞赛事的商务团队需在赛事的准备阶段制作招商权益表，并以权益表为基准，开发商务资源、对接商务合作，在合理的范围内调整赛事安排、获取商务合作方相关物料，拟定合作细节，并为商务合作方提供赛后的数据报表与赛事复盘。

（2）财务团队。

电竞赛事的财务团队需在赛事准备阶段根据赛事的目的与需求进行财务预算，在赛事结束后进行决算、核算，并负责赛事运营过程中的会计、出纳工作。部分小型的赛事活动没有单独的财务团队，这时预算可以由策划人或运营负责人编制。

（3）推广 / 营销团队。

电竞赛事推广 / 营销团队的需在赛前制定详细的赛事推广方案，包括选手招募、票务安排、直播宣传等；赛事中主要针对直播节目的分发、赛事与活动的推广等；赛事后进行内容的二次传播、配合商务团队做营销数据报表等。

（4）后勤团队。

电竞赛事后勤团队如同赛事项目执行中的“管家”。赛事后勤团队需要具备多个领域的知识和技能以及一定的应急处理能力，物资、运输、医疗、住宿、餐饮等保障服务都是后勤团队的工作领域。优秀的后勤团队是一支“隐形”的队伍，让赛事的观者、参与者与其他工作团队察觉不出后勤工作的痕迹。如果一场赛事的后勤工作让人有所感知，很可能是某环节的安排出了问题。

（5）执行团队。

电竞赛事执行团队是赛事项目运营中规模最庞大的团队，在赛事策划的初期就已介入项目。该团队要统筹管理舞美、设备、直播等相关工作，还要对选手、观众、裁判进行管理，并与推广/营销团队、商务团队、财务团队紧密配合。值得一提的是，不少电竞赛事，尤其是第一方赛事，会寻找相关的供应商做整体解决方案，执行团队可能是一家独立的公司，也可能是由几家公司联合组成，这种情况下，项目管理中的时间、质量控制及相关沟通尤为重要。

1.1.3　电子竞技赛事中的风险管理

电子竞技赛事风险是指电子竞技赛事项目策划、执行过程中存在的不确定性，如成绩争议、直播事故、选手/工作人员言辞不当等。在项目的计划、实施中都应该对赛事风险设置相关的应对方案，也就是常说的 Plan B。

从环境因素上来讲，赛事风险有突然停电、与设备相关的直播事故、网络或硬件故障导致的比赛中止或暂停等，这些都可以通过反复检查硬件、测试网络等方法尽量规避；比较难以规避的游戏版本 Bug 可以通过裁判执行手册等寻求合理的解决方案；对大型赛事举办导致的交通堵塞、人员聚集等潜在的安全隐患可以进行风险管理与预案设置；对突发的比赛场地变动等需要通过预案尽量减少由此带来的影响，以上都是变更计划的管理思路。

变更计划，即在时间、质量和成本上，由于各种原因造成项目原计划失效，进而重新制订计划的一种工作。例如，由客观因素导致部分赛事要紧急由线下举办转为线上举办，那么针对赛程、裁判、直播、推广等都要有一套新的方案。

从人为因素上来讲，电子竞技赛事风险分为以下几类。

从竞赛角度看,可能会出现选手迟到、违规导致比赛延迟,选手及其团队对于判罚、成绩的不认可造成现场比赛中止，甚至是退赛造成比赛停滞、直播暂停等问题，这些情况不仅影响比赛进程，更影响观众的观感。因此，让赛事选手所属的俱乐部等机构进行赛前约定、对规则予以认可等，可以在一定程度上规避以上风险。

除此之外，一切由选手、主持人、解说、裁判等赛事相关人员发表相关言论而产生的舆论影响也应归为人为因素带来的风险。无论是在赛场上、赛场外还是在社交媒体上，赛事相关人员的言行都会影响赛事的公信度、美誉度与影响力。例如，某职业联盟裁判与网友对某场比赛进行争论，导致对于其判罚不满的网友涌向其微博，而该裁判与网友产生语言冲突，对赛事美誉度与公信力带来了一定程度的负面影响。

从用户角度看，观众管理也是风险管理不可或缺的部分。观众管理的对象包括观众的现场观感、直播镜头里的观众行为等。例如，位于洛杉矶的《守望先锋》联赛现场，就有两位观众管理人员对观众进行引导，询问观众的体验，管理观众的行为，以保证观众在观赛时获得更好的体验，且在直播过程中无不雅行为与言论。

另外，在赛事项目推进的过程中，可能会出现各部门、各环节的工作人员信息不同步的情况，从而造成工作流程的阻滞、协同工作的困难等，最大的风险则是项目延期或中止。为避免上述情况的发生，可以通过异步通信工具、在线会议工具、在线文档工具等确保沟通的即时性。"对齐"信息是帮助项目顺利、高效进行的重要方式，可以保证信息同步，防止信息传递不畅带来风险。

项目的风险管理是项目顺利进行的"保险丝"，可提升项目容错率。总的来说，项目的风险管理依赖于制度的有效性、信息的同步程度及对于赛事潜在状况的判断。

1.2　任务一　管理电子竞技赛事项目启动流程

电子竞技赛事项目的启动过程中，需要赛事的策划者与运营者明确目标并平衡物资、人力、资金的分配，以保障赛事招商、执行、推广等阶段顺利进行。而以上所有的综合考量会落地成为赛事策划，并形成相应的招商方案。电子竞技赛事项目的阶段图是对时间的管理，资源表是对资源的明确，工作陈述表则是对接下来要完成的工作的归纳，而这些也是在逻辑上对电子竞技赛事进行拆解。

➤ 任务要求

◇ 熟悉电子竞技项目的启动流程与管理模块。

◇ 了解电竞项目阶段、资源、工作的细分。

◇ 熟练使用工具完成电竞赛事阶段图、资源表、工作陈述表的制作。

1.2.1　子任务一　制作电竞赛事阶段图

1．任务背景

上海某高校电竞社社长小 A 希望在今年秋季开学后组织一场上海市高校在校生的校级联赛。该联赛已经确定有 10 余家高校的电竞社及其社员参与。项目的比赛地点将在各高校间切换，力争使赛事的影响力覆盖上海 1/3 的高校。小 A 要对赛事进行整体筹划与运营，调动所有高校电竞社与社员的力量，并获得学校社团的支持与企业的赞助。在电竞赛事正式启动前，小 A 需要根据赛事的基本信息制作电竞赛事阶段图。

2．任务操作

在赛事阶段图中，要对赛事日期进行设定，写明每个阶段需要完成的工作，并为相应工作设定相关的截止日期。例如，赛事策划将在 7 月 4 日至 7 月 15 日期间完成。

图 1-5 所示为电竞赛事各阶段的顺序，表 1-10 为电竞赛事策划阶段工作内容记录表，其中列出了具体的工作事项，并以阿拉伯数字进行编号。

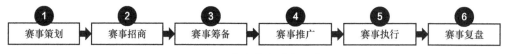

图 1-5　电竞赛事阶段示意

表1-10 电竞赛事策划阶段工作内容记录表

时间	事项	工作内容
7月4日—7月15日	1. 确定赛事目的	
	2. 规划赛事内容（包含活动）	
	3. 制定推广方案	
	4. 制定招商方案	
	5. 确定预算	

1.2.2 子任务二 制作电竞赛事资源表

1. 任务背景

随着前期工作的逐步展开，校级联赛已经得到了某品牌的赞助。小 A 接下来的工作就是梳理出赛事所需资源，制作赛事资源表，确定直播设备资源与相关人员的配置情况。

根据赛事策划，初赛将以线上赛形式展开，由各校进行海选，报名不限额。决赛将在某校 300m² 的电竞馆举行，历时 1 天，参赛队伍 10 支，现场观众为 100 ～ 150 人，并同时在 3 个平台进行直播。

2. 任务操作

根据任务背景设定相关的视频系统、音频系统、线材、灯光等硬件需求，以及直播组、后勤组、解说组等人力资源需求，制作如表 1-11 所示的电竞赛事资源表。注意不应盲目扩大赛事规格，需要以校园赛为活动的基色，重视竞技性、现场氛围，如需增加活动环节，可增加人力组别及相应人员，并添加设备。

表 1-11　电竞赛事资源表

类别	子类别	序号	名称	备注	数量	天数
直/转播设备	视频系统					
	小计					
	音频系统					
	小计					
	线材					
	小计					

续表

类别	子类别	序号	名称	备注	数量	天数
人员	直播组					
	后勤组					
	解说组					
	小计					
包装设计	包装设计					
	小计					
	合计					

1.2.3 巩固思考练习

1．一场电竞赛事的赛事目的受什么因素的影响？赛事目的如何决定赛事策划的方向与亮点？

2．在赛事策划之初，应如何规划赛事的阶段？

3．电竞比赛有哪些赛制？哪一种适合小规模且选手集中的赛事？什么样的赛制更适合 5v5 的 MOBA 类电子竞技项目？

1.3 任务二 使用电子竞技赛事范围管理工具

在电子竞技赛事项目的执行过程中，赛事的运营团队需要明确执行目标与工作分配，并与人力资源工作人员保持沟通，以保障赛事的顺利进行。以上所有综合考量会通过赛事范围管理工具来进行权责明确。

➤ 任务要求

◇ 熟悉电子竞技赛事项目执行过程中的人力资源分配。

◇ 了解电子竞技赛事项目推进中的分组逻辑。

◇ 熟练使用工具完成电竞赛事工作组分组图、电竞赛事责任矩阵表。

1.3.1　子任务一　制作电子竞技赛事工作组分组图

1．任务背景

随着赛事工作的推进，小 A 开始组建比赛工作组。目前本校电子竞技运动与管理专业一、二年级学生共有约 100 人，工作组的成员大部分要从中筛选并按特长区分，以便更好地负责赛事运营。所以，确定赛事工作组、制定工作组的组织架构，是小 A 当前的主要任务，如图 1-6 所示。

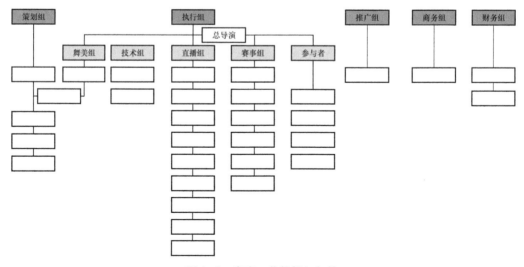

图 1-6　赛事工作组组织架构

2．任务操作

制作电竞赛事工作组分组图，具体要求如下。

◇　组织架构可以修改、删减或增加相关的组别。

◇　组别分支与关系可以进行调整。

◇　充分考虑工作中的沟通效率与组间配合，灵活调动组员，做到组织架构不臃肿、组间沟通顺畅、权责分工明确。

另外，该专业约 100 名学生是团队备选人员，并非每位都要参与该赛事的运营。

1.3.2　子任务二　制作电子竞技赛事责任矩阵表

1．任务背景

小 A 目前已经完成了约 100 名电子竞技运动与管理专业同学的面试与筛选，并初步完成电竞赛事工作组的分组，对组织架构进行了一定的规划。目前，需要对项目工作人员的职责进行明确，制作电竞赛事责任矩阵表，如表 1-12 所示。

表 1-12　电竞赛事责任矩阵表

组别	职位	单位	姓名	工作职责	电话
直播组	直播导演	某班	张三	……	……
赛事组	选手管理	某班	李四	……	……

2．任务操作

电竞赛事责任矩阵表将出现在赛事执行手册中。表格不仅要明确项目人员的工作职责，而且在明确职责时要对工作质量控制进行描述。对于通信方式可以登记电话与备用电话，如果有必要，可以列出即时通信工具的用户名及相关群组的名称与微信二维码。表格结构与分栏可改变，相关组别的负责人需单独标注。

1.3.3　巩固思考练习

1．如何明确一个电竞赛事项目整体运营团队的职责？如何通过即时通信工具、在线文档工具等与团队成员进行沟通？

2．如何在人员安排上做到平衡？是否应该设立应急与机动小组？如果设立这样的小组，应该安排具有何种能力的人员作为组员？

3．如何安排周期会议并通过适当的分组会议实现电竞赛事运营团队成员消息同步，以便推进工作？请设想并制定一些工作方式和方法。

4．在分解电子竞技赛事运营过程的工作中，如何明确组与组之间的责任？例如，舞台美术的设计应该归入哪个组别？跨组沟通如何进行？

1.4　任务三　使用电子竞技赛事进度管理工具

在电子竞技赛事项目的执行过程中，赛事的运营团队需要对工作的进度达成共识，完成工作的衔接与统筹，并在此过程中保持沟通、同步进度修改，并对意外延迟做出弥补。以上的综合考量可通过赛事进度管理工具来进行同步。

➢ 任务要求

◇ 熟悉电子竞技赛事项目执行过程中的进度管理。

◇ 了解电子竞技赛事项目推进中的统筹逻辑。

◇ 熟练使用工具完成电竞赛事执行推进表、电竞赛事甘特图。

1.4.1　子任务一　制作电子竞技赛事执行推进表

1．任务背景

完成赛事运营团队的组建后，小 A 需要对项目的全部工作流程及执行时间做出规划，即制作电子竞技赛事执行推进表。本赛事在新学年秋季开学后逐步推进，全部赛程可以在学期中逐步安排，最终决赛要在期末考试周前完成。

2．任务操作

制作电子竞技赛事执行推进表，具体要求如表 1-13 所示。

表 1-13　电竞赛事执行推进表

序号	项目进度名称	开始时间	所需时长	结束时间	说明	备注
1	立项筹备 - 招商计划书				审定招商计划书	
2	立项筹备 - 基础包装设计				完成赛事 Logo、主 KV 等包装设计	
3	立项筹备 - 确定合作意向				与赛事相关合作方确立合作意向	
4	赛事发布					
5	线上筹备 - 赛事推广				通过传统媒体、网络媒体等推广赛事	
6	线上筹备 - 甄选协作方				确定最终合作、协作方	
7	线上筹备 - 邀请战队				完成线下赛战队邀请	
8	线上筹备 - 海选筹备				完成海选报名等工作	
9	比赛期 - 线上选拔				决出海选突围队伍	

续表

序号	项目进度名称	开始时间	所需时长	结束时间	说明	备注
10	线下筹备-阶段1				确定线下场馆、酒店、落地审批等工作	
11	线下筹备-阶段2				最终确认酒店安排、场地布置、直播准备等	
12	比赛期-正赛				开幕式、比赛运营、闭幕式等	
13	休息期				团队修整	
14	完整总结				完成奖金发放、赛事总结、下届立项等	

◇ 包含赛事前期的工作准备，例如招商计划、基础包装设计、确定合作意向等。

◇ 对于赛事的发布、推广及赛程的控制也需要一个框架式的制定，以便不同组的运营团队成员介入工作。

◇ 在安排推进时间时需要考虑一定的时间缓冲。

◇ 项目进度名称可以修改。

1.4.2 子任务二 制作电子竞技赛事甘特图

1. 任务背景

小 A 完成了运营团队的组建以及赛事执行推进表的制作，目前，需要对项目的全部工作流程及执行时间做出完整规划，并完成甘特图（如图 1-7 所示）的制作。

2. 任务操作

根据已经制作完毕的电竞赛事执行推进表制作甘特图。甘特图可以采用在线电子表格或 Excel 绘制，不熟悉电子表格的同学可以使用甘特图生成软件，或者手动绘制完成制作。

制作好的甘特图要求时间线清晰，无不合理重叠，可以在明确各组工作时间的同时，使全团队工作时间一目了然。

序号	项目进度名称	开始时间	所需时长	结束时间	说明	备注
				上海校级电竞联赛赛事节点规划计划进度表（甘特图）		
1	立项筹备-招商计划书	2023/03/01	15	2023/03/16	审定招商计划书	
2	立项筹备-基础包装设计	2023/03/17	30	2023/04/16	完成赛事Logo、主KV等包装设计	
3	立项筹备-确定合作意向	2023/04/01	15	2023/04/16	与赛事相关合作方确立合作意向	
4	赛事发布	2023/04/17	7	2023/04/24		
5	线上筹备-赛事推广	2023/04/17	15	2023/05/02	通过传统媒体、网络媒体等推广赛事	
6	线上筹备-甄选协作方	2023/04/17	15	2023/05/02	确定最终合作、协作方	
7	线上筹备-邀请战队	2023/04/17	15	2023/05/02	完成线下赛战队邀请	
8	线上筹备-海选筹备	2023/04/17	15	2023/05/02	完成海选报名等工作	
9	比赛期-线上选拔	2023/05/02	10	2023/05/12	决出海选突围队伍	
10	线下筹备-阶段1	2023/05/12	15	2023/05/27	确定线下场馆、酒店、落地审批等工作	
11	线下筹备-阶段2	2023/05/27	25	2023/06/21	最终确认酒店安排、场地布置、直播准备等	
12	比赛期-正赛	2023/07/01	15	2023/07/16	开幕式、比赛运营、闭幕式等	
13	休息期	2023/07/17	3	2023/07/20	团队修整	
14	赛事总结	2023/07/21	5	2023/07/26	完成奖金发放、赛事总结、下届立项等	

说明：填完时间规划后，请先设置坐标轴的最小值为2023/03/01,最大值为2023/07/31,图表坐标轴日期即可自动调整（这两个数字是根据填写的时间自动变化的）

图 1-7 电竞赛事甘特图

1.4.3 巩固思考练习

1. 执行推进表与含有甘特图的执行推进表有何异同？

2. 执行推进表的最终目的是对目标进行分解，从而明确不同项目在工作中的实施顺序。在安排实施顺序的时候应如何进行统筹？排列的顺序是否会对总体进度有所影响？

3．执行推进表与甘特图是否可以使用线上的方式进行分享与同步？使用在线表格进行分享与同步时，应该注意些什么？

1.5 任务四 使用电子竞技赛事质量管理工具

在电子竞技赛事项目的执行过程中，赛事的运营团队需要对工作执行效果制定定量或定性的考核标准，并确定相关预算。该考核标准不仅用于监督团队内的工作，更用于实施对供应商的考核，以此保证电竞赛事项目的执行质量，并通过预算进行成本控制。而所有以上的综合考量会通过赛事质量管理工具来进行同步。

➤ 任务要求

◇ 熟悉电子竞技赛事项目执行过程中的质量管理。

◇ 了解电子竞技赛事项目推进中的质量控制要点及方式。

◇ 熟练使用工具制作电竞赛事执行考核表、电竞赛事预算表。

1.5.1 子任务一 完成电子竞技赛事执行考核表

1．任务背景

在赛事准备阶段，小 A 还需要对电竞赛事分项目执行的质量控制做出相应规划，为不同小组设定相应的考核目标，也就是制作电竞赛事执行考核表。

2．任务操作

电竞赛事执行考核表主要涉及对赛事在举行过程中的各项运营任务的考核。如果需要对直播考核，可另外增加类目并调整权重。

在本次任务中，目前已经预填的考核项目主要是对人数、物料布置、比赛现场、过程、战队合影、成绩确认、奖金发放及相关投诉的罗列，需要填写相应的考核指标，并在表格下方空白处对拍摄照片佐证材料的标准模式做出说明。

1.5.2　子任务二　完成电子竞技赛事预算表

1．任务背景

在完成上述相关赛事准备后，小 A 接下来要进行一个非常重要的任务——对整场赛事的成本进行预算，由此制作出本次校级联赛的赛事预算表。

2．任务操作

制作电竞赛事预算表，如表 1-14 所示，要考虑场地租赁、舞美视效、场地基建、设备采购、设备租赁、物料采购、人员、交通等类别。表格的格式和细目可修改，如有住宿需要可增加住宿方面的预算。

表 1-14　电竞赛事预算表

序号	类别	项目	单价	数量	天数	费用	备注
1	场馆租赁						
		小计					
2	舞美视效	舞美设计					
		视频					
		大屏素材					
		小计					场地舞美
3	场地基建	租赁费用					
		灯光、音响、大屏					
		水、电费					
		网费					
		小计					

续表

序号	类别	项目	单价	数量	天数	费用	备注
4	设备采购	固定设备采购					
		小计					
5	设备租赁	直播设备租赁					
		通信设备租赁					
		额外设备租赁					
		小计					
6	物料采购	服装采购					技术与执行
		现场小型制作物					
		采访区					
		电池					
		摔不烂插排					
		互动道具					
		其他					
		小计					
7	人员	灯光					人员成本
		大屏					
		音频					
		IT、网络维护					
		计算机维护					
		场馆管理					
		保安					
		导演					
		导播					
		执行					
		工作人员餐饮					
		选手餐饮					
		小计					

续表

序号	类别	项目	单价	数量	天数	费用	备注
8	交通	人员交通					交通
		设备运输					
		额外交通					
		小计					
合计							

另外，预算也应考虑到可以进行资源置换的部分及免费资源部分，以尽量减少预算。

1.5.3　巩固思考练习

1．电子竞技赛事执行考核的目标主要是由什么决定的？在考核点细目中的体现是数据佐证还是图像佐证？

2．电竞赛事预算应该如何动态地控制预算区间？预算应该做到怎样的程度才不会导致失真？

3．在电竞赛事预算中，人员交通费用是应该归入人员成本，还是交通成本？为什么？

学习单元 2

电子竞技赛事动态包装

单元概述

本单元面向的工作内容是电子竞技赛事动态包装，主要包括电子竞技赛事动态包装软件和电子竞技赛事动态包装详解等内容。本单元包括两项学习任务，分别为完成电子竞技赛事动态包装和完成电子竞技赛事视频特效。借助这两项学习任务，读者可基本掌握 After Effects（简称 AE）的使用，进一步把握赛事转场制作和动态 KV 制作的流程，了解包装过程中常见的跟踪效果、3D 效果、粒子特效的制作。

知识目标

◇ 了解电子竞技赛事动态包装的软件。

◇ 了解电子竞技赛事的常见包装类型。

◇ 掌握电子竞技赛事动态包装的内容、作用、原则与流程。

技能目标

◇ 能够使用 AE 实现电子竞技赛事转场制作。

◇ 能够使用 AE 完成 KV 动效制作。

◇ 了解并掌握 AE 的跟踪、3D 效果、粒子特效制作。

2.1 基础知识

在赛事的实际宣传中，电子竞技赛事组织方需将赛事各环节依据宣传需求有选择地进行呈现，要强化赛事定位、突出赛事风格、凝集赛事特色，进而实现电子竞技文化的深层次传播。在此过程中，需要对赛事画面进行外在形象塑造，使赛事信息能够在短时间内触达受众，帮助受众直观、迅速地了解赛事内容、特征及文化理念等。

"包装"一般指对产品外观进行美化设计。在电子竞技赛事领域，包装指对电竞赛事外在形象要素统一进行呈现的规范行为。通过赛事包装，可以形成特色较为鲜明、制式较为统一的画面呈现风格，受众也能够通过赛事包装区分不同的赛事与赛季，让不同的赛事与赛季都有独特的视觉印记。

而动态包装则需进一步强调电子竞技赛事包装过程中的动态效果。电子竞技具有的受众年轻化，内容富有活力、流行性等特征，促使赛事包装必须满足电子竞技受众对视觉的审美需求，因此，包装的动态效果尤为重要。动态包装可以缓解静态画面所带来的视觉疲劳、有效衔接赛事画面、调动观众情绪，契合电子竞技赛事的传播特征。

2.1.1 电子竞技赛事动态包装软件

随着计算机技术的飞速发展，市面上涌现了一系列图形图像处理、影视后期编辑软件，多样化的技术手段为电子竞技赛事动态包装提供了多种支撑。目前，在动态包装方面应用广泛而成熟的软件是 Adobe 公司推出的 AE，其基础界面如图 2-1 所示。

AE 作为一款基于层架构的专业视频特效合成软件，广泛应用于电子竞技赛事包装、后期处理、动态效果制作等场景，是赛事动态包装必备的工具。

在实际操作过程中，操作人员应熟练掌握图层与关键帧动画，了解蒙版、抠像与图层混合，熟悉三维合成、跟踪、粒子系统，并妥善使用常用插件及合成辅助软件。

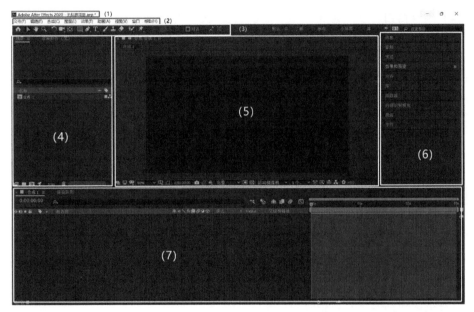

图 2-1　AE 2020 的基础界面

1. AE 基础界面介绍（以 AE 2020 为例）

（1）标题栏。

标题栏位于软件界面最上方，显示软件名称及版本，同时能够显示当前项目的存储位置及名称。

（2）菜单栏。

菜单栏包含文件、编辑、合成、图层、效果、动画、视图、窗口和帮助菜单，通过单击相应菜单可进入二级菜单界面。

（3）工具栏。

工具栏包括主页、选取、手形、缩放、旋转、统一摄像机、向后平移（锚点）、矩形、钢笔、横排文字、画笔、仿制图章、橡皮擦等工具，是软件使用过程中较为常用的部分。

（4）项目窗口。

项目窗口一般位于界面左侧，主要用于导入、预览和管理素材。项目窗口上半部分能够显示文件的标题、缩略图、尺寸、时长、帧速率（帧率）等相关信息，便于在素材较多的情况下进行快速查找与定位。

（5）监视器窗口。

监视器窗口位于界面中间，能够预览现有合成显示效果，并能在该区域进行素材绘制、拖放、调整等操作。

（6）常用工具窗口。

该窗口内一般包含信息、音频、预览、效果和预设、对齐、库、字符、段落、跟踪器、内容识别填充等面板，单击即可打开相应面板进行使用，也可依据使用需求通过窗口菜单添加功能进行自定义。

（7）时间轴窗口。

在时间轴窗口内，可以通过时间线让素材处于不同时间点，通过关键帧功能调节特效相关属性的参数，实现素材位置、特效、颜色等的变化。

在了解基础界面后，单击"新建合成"即可开始项目制作。在"合成设置"对话框中，可以对合成的画面大小、帧率、分辨率、持续时间等进行设置，如图 2-2 所示。在"预设"一栏中，NTSC 与 PAL 指常见的电视制式，是用来实现电视图像或声音信号所采用的技术标准。NTSC 制式场频为 60 场 / 秒，帧率为 29.97 帧 / 秒，广泛应用于美国、日本等国家和地区；PAL 制式场频为 50 场 / 秒，帧率为 25 帧 / 秒，广泛应用于德国、新加坡等国家和地区。

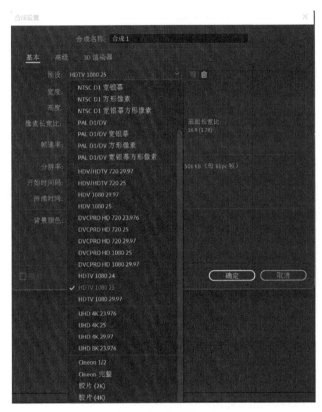

图 2-2 合成设置

在新建预设时，720、1080 指分辨率，720 代表 720px×1280px，1080 代表 1080px×1920px，像素越高，画面越清晰，如果对画面清晰度要求较高，还可选择 2K、4K 等。29.97、25、24、23.976 指帧率。

伴随 5G 技术的纵深普及，现有赛事趋向于线上同步播出，对于包装产出提出了更为细致的要求。线下大屏与线上转播分辨率要求不一、帧率不同，更需提前了解画面呈现场景及载体的相关数据，以保证合成画面与输出载体的尺寸、帧率相匹配，确保包装成品的最佳呈现效果。

2. 常用插件介绍

（1）Element 3D（E3D，三维模型插件）。

该插件能将其他三维软件所制作的模型以及贴图导入进行渲染，实时显示反射、环境遮挡、运动模糊、景深和分层渲染等效果，制作出更多立体场景，添加材质、灯光、摄像机等。

（2）Particular（粒子插件）。

Particular 插件提供了十分便捷的粒子效果制作方法，其 Designer 界面为发射器、粒子、物理效果等添加了丰富的可调节选项，并能提供实时视觉反馈，实现烟雾、爆炸、闪光、线条等多种粒子效果的简易制作。

（3）Optical Flares（镜头光晕耀斑插件）。

该插件可以制作效果逼真的镜头耀斑灯光特效，功能强大、操作方便、渲染迅速，拥有完整的独立界面和多种预设。

（4）Twitch（信号干扰插件）。

Twitch 能模拟出多种信号干扰视觉效果，例如，画面抖动、旧电影、画面破损，以及画面亮度、色彩等的随机变化。

（5）Lockdown（跟踪插件）。

Lockdown 与 AE 内置跟踪器的区别在于，它可以跟踪运动物体扭曲不平的表面，划分区域进行跟踪，精确定位运动画面。

（6）Saber（激光描边插件）。

Saber 插件可以在 AE 中创作光束、霓虹灯、闪电、电流等特效，含有多种不同类型的特效预设。

2.1.2　电子竞技赛事动态包装详解

在新媒体技术飞速迭代、发展的背景下，用户享有丰富的媒介选择权，受众注意力成为稀缺资源。电子竞技赛事处于信息多元化的媒介环境中，势必需要迎合当下传播环境，充分发挥动态包装的优势，最大程度上激发电子竞技赛事的吸引力与传播力，争夺用户的"剩余注意力"，便于用户精准捕捉赛事内容特色。

在明确电子竞技赛事动态包装的必要性后，须进一步了解、熟悉、掌握动态包装所涵盖的内容、作用、原则与流程，进而在理论引导下更好地开展动态包装实操任务。

1. 电子竞技赛事动态包装内容分类

（1）动态 KV。

KV 是电子竞技赛事活动中最主要的视觉设计展示，同时也是赛事运营期间向用户传播赛事核心价值的重要载体，在赛事视觉包装过程中处于核心地位，直接决定了后续周边设计的内容主体、配色方案与主要风格等。

KV 一般包括赛事名称、赛事 Logo、Slogan（口号）、游戏要素、赛事周期、赛事地点、指导方、主办方、承办方、赞助品牌、合作媒体、播出平台等元素。动态 KV 是在静态画面的基础上，通过 AE 等视频特效合成软件制作的动态视频，一般具备可动效循环播放的特征，比静态画面更具视觉张力，在赛事现场大屏、直播界面上具有更好的传播效果。图 2-3 所示为 2022 DPC 中国联赛第三赛季 KV 画面。

图 2-3　2022 DPC 中国联赛第三赛季 KV 画面

（2）转场。

在电子竞技赛事放送过程中，通常涉及 BP 界面、解说画面、OB（Observer，观察者）界面、选手画面、数据界面等场景的相互衔接，在前后两个场景差别较大的情况下，为了确保赛事放送的流畅度和连贯性，镜头切换一般需要使用转场来替代直切。

较为常见的转场模式有两种——VS 对战板转场和空镜转场。电子竞技赛事一般为两支战队进行同台竞技，在转场过程中使用 VS 对战板可即时体现赛事信息、队伍名称及队伍 Logo，帮助观众在短时间内捕捉对战队伍的基本信息，同时凸显竞赛过程中的对战氛围。图 2-4 所示为 2022 DPC 中国联赛第三赛季 VS 对战板转场画面。

图 2-4　2022 DPC 中国联赛第三赛季 VS 对战板转场画面

在同场参赛队伍较多、对战结束后的回顾及赛后分析环节等不适宜使用 VS 对战板转场的场景，可以采用空镜转场。例如，2022 DPC 中国联赛第三赛季的比赛中，BP 界面与解说界面间的转场是采用 DOTA2 英雄幻影刺客从左至右奔跑的形象，结合赛事简称 DPC 的字母元素来实现的，如图 2-5 所示。

该设计在遵守赛事整体视觉风格的前提下，融入赛事名称与游戏角色要素，在完成转场功能的同时也较好地强调了赛事主体与游戏特色。

图 2-5　2022 DPC 中国联赛第三赛季空镜转场画面

（3）战队介绍。

除体现战队信息的 VS 对战板外，动态包装还包含详细的战队介绍页面，对参与赛事的队伍进行详细说明，在胜利队伍产生时进行宣传展示。战队介绍页面一般涵盖战队名称、战队 Logo、成员照片、成员名称等要素，能够帮助赛事观众直观了解战队成员信息。图 2-6 所示为战队介绍页面。

图 2-6　战队介绍页面

（4）BP 板。

MOBA 类游戏中，一般存在 BP 环节且持续时间较长，如果 BP 板不能有效呈现 BAN/PICK 信息且画面设计枯燥，极易造成观众流失。因此，BP 板设计在赛事呈现过程中尤为重要。BP 板必须涵盖当前队伍信息、BAN 位信息、PICK 位信息，依据赛事需求加入选手画面、选手对应英雄、BP 时长、英雄技能等，如图 2-7 所示。

图 2-7　BP 板

（5）数据板。

数据是衡量一场电子竞技赛事竞技过程的最直接手段，需要清晰直观的界面对该场赛事对战数据信息进行呈现。一般而言，数据板应该分别体现战队数据和选手个人数据，如图 2-8、图 2-9 所示。

MOBA 类游戏的战队数据板一般包含战队名称、团队击杀数据及死亡数据、团队伤害及经济、推塔数等信息，选手个人数据板一般包含选手信息、英雄技能、击杀数、死亡数、支援数、经济、输出值、承伤值、参团率、出装等信息。

FPS 类游戏的数据板则涵盖参赛时长、淘汰数、伤害数、救援数、命中率、助攻数、行进距离等信息。

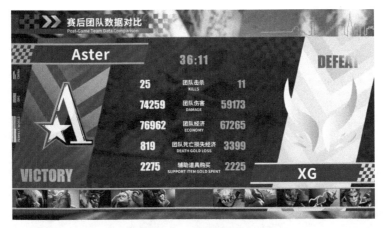

图 2-8　战队数据板

图 2-9　选手个人数据板

（6）OB 界面包装。

作为赛事对战实况的主要呈现渠道，OB 界面在保证不对游戏画面进行遮挡的前提下，要最大限度地呈现对战信息，辅助观众实时了解对战数据，得到最佳观赛体验。同样以 2022 DPC 赛事为例，OB 界面信息包含团队击杀数、英雄存活状态、竞技实况、出装、游戏地图、实时排名等信息，如图 2-10 所示，可保证用户在没有完整观赛的前提下，也能即时获得当前对战信息，辅助观众观赛。

图 2-10   OB 界面包装

（7）多拉窗底板。

在赛事呈现过程中，会有两至三组镜头同时出现在画面中的需求，此时，便需要对双画面中的拉窗底板、三拉窗底板进行布局规划，以保证不同画面的呈现大小、位置布局符合传播需求，并对镜头内人物进行简要介绍。

图 2-11 所示为 2022 DPC 中国联赛的多拉窗底板。

图 2-11   2022 DPC 中国联赛的多拉窗底板

（8）MVP 板。

通常情况下，电子竞技赛事的每场比赛会诞生 MVP（Most Valuable Player，最有价值选手），包装需要有单独界面对该选手的击杀、经济输出转化率、助攻、参战率、GPM（每分钟金钱）、XPM（每分钟经验）等信息进行展示，如图 2-12 所示。

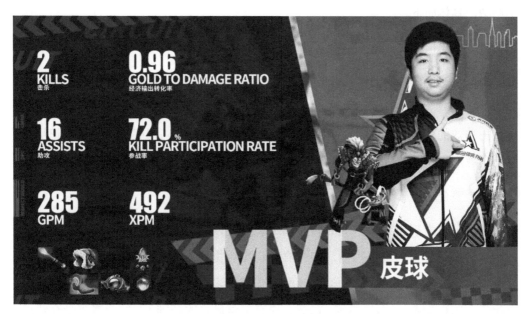

图 2-12　MVP 板

课堂互动环节

请选取一场你感兴趣的电子竞技赛事，在观赛的同时思考以下问题。

（1）该场赛事的 KV 设计中出现了哪些元素？

（2）不同镜头进行组接时是否出现转场画面？该转场画面的内容是什么？

（3）该赛事的 OB 界面出现了哪些元素？

2. 电子竞技赛事动态包装的作用

电子竞技赛事所依托的游戏产品不同，其项目类型、赛事风格、呈现节奏、受众心理等层面存在一定区别，但究其本质，电子竞技赛事为商业行为，承载了电子游戏的品牌传播理念与价值。在此商业基础上，可对电子竞技赛事动态包装的作用进行总结归纳，具体如下。

（1）强化核心要素。

当前主流赛事游戏本身具备较为完善的世界观，以及由世界观延伸出的独特代表元素与美术风格，与同类游戏相比形成了较为鲜明的区别。在动态包装过程中，需要提炼出游戏的代表元素，以此吸引原有游戏用户的注意力，增强大众用户的记忆点，强化品牌形象，提高品牌辨识度，沉淀核心用户，进而扩大游戏的影响力与覆盖面。

（2）整合宣传风格。

游戏美学表现作为最直观的传播渠道，在受众尚未了解游戏性与竞技性的前提下承担着触达受众的重要功能，特色鲜明、契合主流审美的美学风格能够增加用户好感度。动态包装过程要有意识地对游戏美学要素进行提炼总结，如人物画风、主要配色、地图建模、界面风格等，在契合原有美学风格的基础上，结合赛事受众特点、Slogan以及当前主流设计风格等进行优化统一，依托动态包装增强赛事的二次传播力度。

（3）承载文化输出。

电子竞技赛事动态包装的文化输出不单包含游戏文化，也包含其创作思路、创作风格所蕴含的设计文化。动态包装作为电子竞技赛事外在形象的规范与强化，能够有机融合赛事主题、战队成员、游戏本体、电竞精神等赛事要素，通过形象化的艺术表达输出特有的风格与理念，使赛事获得受众认可，进而传播品牌形象，确立赛事地位，最终实现文化输出。

3. 电子竞技赛事动态包装原则

（1）整体统一原则。

电子竞技赛事 KV 形象确认后，动态包装需在 KV 的主导风格下进行规范设计，才能够形成辨识度突出、特色鲜明的赛事形象。因此，在设计过程中要充分研究 KV 的设计风格，打磨配色方案、使用的元素、传递的价值等内容信息，高度重视技术性与艺术性的和谐统一，进而使不同的动态包装内容能够形成具有美感的视觉体系，提升赛事的传播力与影响力。

（2）版权规范原则。

电子竞技比赛是一种典型的商业行为，在内容传播过程中需时刻树立版权保护意识，养成良好的版权素养。在图文及音视频素材选取、字体使用、创意设计过程中应提前取得商业使用授权，或采用开源内容。对于版权不明的素材文件不予使用，规避侵权风险，贯彻版权保护的思想。

（3）受众导向原则。

电子竞技赛事运营的每一个环节均需考虑受众思维，动态包装过程也不例外。作为一场电子竞技赛事的核心消费者，受众的关注度、认同度、参与度均会对赛事产生关键影响，动态包装设计应当从受众角度出发，充分考虑受众想要优先获得哪些信息、注意力集中于哪些画面，将受众思维贯穿设计始终，从而保证赛事展播过程中的观众留存率。

（4）超前更新原则。

随着动态包装技术的日益规范与完善，在包装过程中可使用的技术手段愈发丰富，所以相关从业人员需关注媒体技术发展动态，了解并掌握前沿设计理念与技术手段，充分契合审美趋势与大众需求，以更简洁、更高效的技术手段实现电子竞技赛事的动态包装，打破受众的审美疲劳，以期更好地传播赛事主旨与内容。

4. 电子竞技赛事动态包装流程

电子竞技赛事动态包装流程可简要分为 4 个阶段，分别为创意策划、初稿制作、审核调整、定稿确认，如图 2-13 所示。

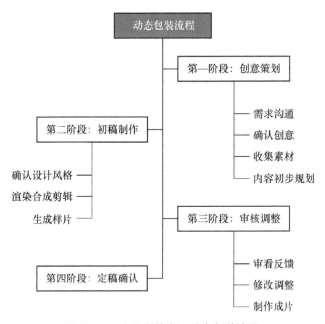

图 2-13　电子竞技赛事动态包装流程

在创意策划阶段，视觉包装成员须与其他团队对接沟通，确认该场赛事的主旨风格、所需内容等信息，在了解需求的前提下研讨创意设计思路，并尽可能多地开展素材搜集工作，为后续风格设计、内容规划提供参考。

在初稿制作阶段，需提前明确设计风格并形成统一规范，以 KV 为核心参考，逐步确认其他内容的制作分工与顺序，以保证产出内容的体系性与完善性。在此阶段，需使用影视后期软件来实现动态包装的制作与合成，并生成样品。

在审核调整阶段，需依据针对样片的反馈意见进行充分交流，聚焦技术难点与意见可行性，在合理范围内进行修改调整，不断完善并进行细节修正，最终导出成品进行定稿确认，并对相关文件进行打包归档。

2.2　任务一　完成电子竞技赛事动态包装

在电子竞技赛事内容传播形式富媒体化的趋势下，赛事包装不再局限于以往的静态画面，而是需要更符合当下动态化的信息获取习惯。使用后期制作软件可以制作出符合时下年轻人需求的动态包装形式，以期达成更佳的赛事宣传效果。

➢ 任务要求

◇ 熟悉 AE 软件的基本操作。

◇ 了解 AE 图层及关键帧动画设置。

◇ 使用 AE 完成电子竞技赛事转场画面的制作。

2.2.1　子任务一　制作电子竞技赛事转场画面

1. 任务背景

小李所在的电竞赛事运营团队近期正着手举办 DOTA2 职业巡回赛（DPC），VS 对战板设计如图 2-14 所示。作为视觉包装项目组的一员，小李需将 VS 对战板制作为动态画面用作赛事转场，时长为 3s 左右。对战队伍分别为 Beyond 与 TYLOO。

2. 任务操作

接到任务后，小李便开始构思 VS 对战板的动态呈现效果。VS 对战板双方出场动效初步设计思路如图 2-15 所示。

图 2-14　DOTA2 职业巡回赛 VS 对战板

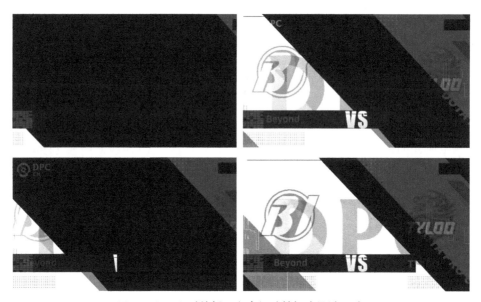

图 2-15　VS 对战板双方出场动效初步设计思路

图 2-15　VS 对战板双方出场动效初步设计思路（续）

梳理画面中所出现的元素，并分析该元素的运动状态，将分析结果填入如表 2-1 所示的表格中。

表 2-1　动态元素状态梳理

序号	元素名称	运动状态	其他	预计持续时间
1	DPC 赛事 Logo	位于左上角，未移动	不透明度变化 （隐藏至出现）	1s
2	Beyond 战队 Logo	由左向右运动	不透明度变化 （隐藏至出现）	1s
3	TYLOO 战队 Logo	由右向左运动	不透明度变化 （隐藏至出现）	1s

经过对画面内容的详细梳理，不难发现，大部分元素的变化模式较为简单，多为运动路径变化、不透明度变化。这两种变化模式可以通过 AE 的基础功能——图层与关键帧实现。

（1）图层。

图层就像是含有文字或图形等元素的胶片，一张张按顺序叠放在一起，组合起来形成页面的最终效果。每一个图层是由许多像素点组成的，而图层又通过上下叠加的方式来组成整幅图像，如图 2-16 所示。

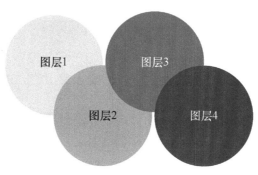

图 2-16　图层示意

在 AE 中，图层的表现类型可以分为形状图层、文本层、纯色层、调整图层（本质上是像素图层）、摄像机图层、灯光层、空对象等。

（2）关键帧。

"关键帧"一词源于动画制作领域，指物体处于运动状态时关键动作所处的那一帧，可以理解为运动变化的素材在某一时间节点上的状态记录。

关键帧是 AE 使用过程中要重点掌握的基本操作对象，通过添加关键帧可以使静态素材在一定时间段内实现动态变换。该变换主要基于以下 5 个基本属性的实现，界面如图 2-17 所示。

图 2-17　AE 静态素材动态变换的 5 个基本属性

◇ 锚点（Anchor Point）：图层的中心定位点，通过调整锚点位置影响图层的旋转与缩放属性，快捷键为 A。

◇ 位置（Position）：在平面中由两个数字组成，分别为素材在合成中所处的 x 轴、y 轴坐标，快捷键为 P。

◇ 缩放（Scale）：图层在画面中所占据的面积大小，勾选"约束比例"则按现有比例同时调整图层的长度和宽度，取消勾选可分别对该图层的长度、宽度进行调整，快捷键为 S。

◇ 旋转（Rotation）：调整图层的角度，第一个数字代表旋转周数，第二个数字代表旋转的角度，快捷键为 R。

◇ 不透明度（Opacity）：图层的不透明程度，通过调整不透明度可显示其下方图层的内容，一般用百分比表示，快捷键为 T。

从关键帧的外观形态来看，主要包括以下 7 种模式。

◆ ：普通关键帧。

▨ ：缓入缓出，可以使素材运动更为平滑。

▶ ：实现素材的一段平滑运动，如入点平滑或出点平滑。

● ：属于平滑类关键帧，可以使运动曲线变得平滑和可控。

■ ：常用于文字变换效果设置，为硬性变化关键帧。

◢ ：曲线关键帧转换为停止关键帧。

◀ ：普通线性关键帧转换为停止关键帧。

在对图层与关键帧有了基本了解后，请参考下述步骤完成 VS 对战板转场画面动效的制作。

第1步　打开 AE，单击"新建合成"，设置"合成名称"为"VS 对战板转场"，"预设"为"HDTV 1080 25"，设置持续时间为 3s，背景颜色为黑色，如图 2-18 所示，然后单击"确定"按钮。

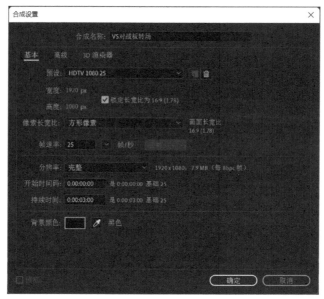

图2-18 新建合成

第2步 单击"文件"→"导入文件"，或双击"项目"窗口下方空白处，导入所需素材，导入素材后窗口如图 2-19 所示。

图2-19 导入素材

第3步 在工具栏中单击钢笔工具，于监视器窗口绘制如图 2-20 所示图形，颜色调整为橙色，描边 0 像素，并将该图层命名为"橙色条幅"。

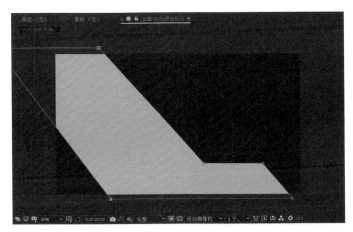

图 2-20 绘制橙色条幅

第4步 单击横排文字工具，在监视器窗口中输入"DOTA PRO CIRCUIT"，在右侧常用工具窗口的字符控件中调整字体、颜色、大小等属性，并在时间轴窗口中打开该字符的变换按钮，调整字符的旋转数值，使其平行于橙色条幅，如图 2-21 所示。

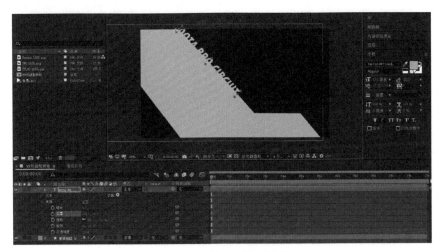

图 2-21 输入和旋转字符

第5步 使用钢笔工具在橙色条幅区域内绘制城市剪影，设置描边颜色为白色，边框粗细为 3 像素，效果如图 2-22 所示。

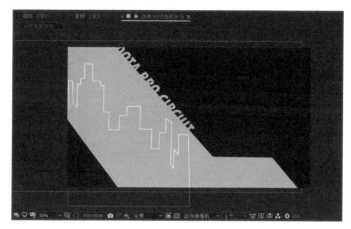

图 2-22　绘制城市剪影

第 6 步　同时选中"城市剪影""DOTA PRO CIRCUIT""橙色条幅"3 个图层，将 3 个图层移至画面左侧直至消失，在"变换"下的"位置"处单击"关键帧"按钮，如图 2-23 所示。

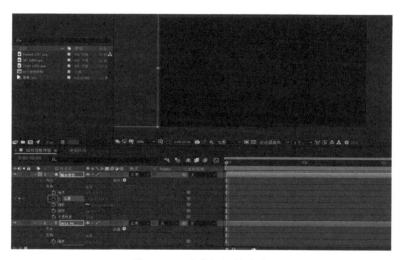

图 2-23　选中图层并移动

第 7 步　将时间指示器拖动至 1s 处，调整位置 x 轴坐标，使 3 个图层出现在监视器窗口中间偏左处，此时时间轴窗口内会自动生成关键帧，如图 2-24 所示。

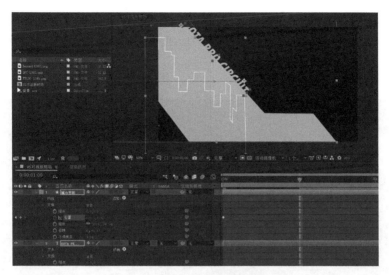

图 2-24　生成关键帧

第 8 步　将时间指示器拖动至 2s 左右，单击"在当前时间添加或移除关键帧"按钮，在保证现有图层位置不发生变化的前提下添加关键帧，如图 2-25 所示。

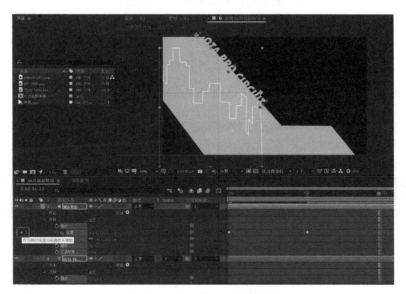

图 2-25　添加关键帧

第9步 将时间指示器调整至 2.8s 处，调整 3 个图层从画面移出左侧直至消失。按空格键，或单击"预览"菜单下的"▶"按钮，即可查看当前 3 个图层的运动状态，如图 2-26 所示。

图 2-26　查看图层的运动状态

第10步 为了保证图层运动富有节奏感，单击"图表编辑器"按钮，在"编辑"面板中将 x 轴数据开始、结束处的关键帧调整为缓动，单击钢笔工具可在曲线上添加或删除关键帧，通过拖动曲线曲直按钮调节图层运动节奏，如图 2-27 所示。

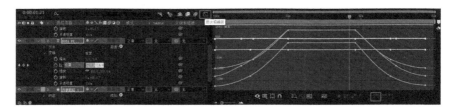

图 2-27　调节图层运动节奏

第11步 将 Beyond Logo 素材拖至"图层"面板，在 0s 处分别为位置、不透明度添加关键帧，并将不透明度设置为 0%，如图 2-28 所示。

图 2-28　导入 Logo 素材，设置参数

第 12 步　在 1s 处，调整 Beyond Logo 的位置与不透明度，不透明度此时设置为 100%。同时参考第 11 步的操作设置 Beyond Logo 的出场动画，并调节运动节奏，如图 2-29 所示。

图 2-29　调整参数，设置动画

第 13 步　导入 DPC Logo 素材，将其移至画面左上角，通过添加不透明度关键帧，

实现该 Logo 在画面开始、结束时隐藏，画面中段出现，且位置不发生改变，如图 2-30
所示。

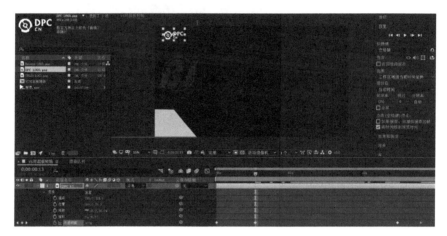

图 2-30　导入 Logo 素材，添加不透明度关键帧

第 14 步　使用矩形工具绘制 VS 条幅图层，命名为"VS 条幅"，添加文字"VS"
置于条幅上方，如图 2-31 所示。同时选中两个图层，单击鼠标右键，选择"预合成"，
同样命名为"VS 条幅"，如图 2-32 所示。

图 2-31　添加文字"VS"

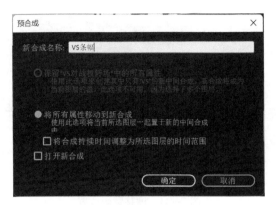

图 2-32　选中图层，设置预合成

第 15 步　在 "VS 条幅" 图层上单击鼠标右键，选择 "蒙版" → "新建蒙版"，如图 2-33 所示。

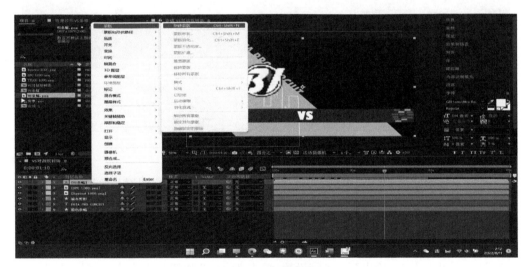

图 2-33　新建蒙版

第 16 步　打开蒙版选项，将混合模式改为 "相减"，同时在蒙版路径的 0s、1s、2s、2.8s 处添加关键帧，调整蒙版位置，实现 VS 条幅的出现与消失，如图 2-34 所示。

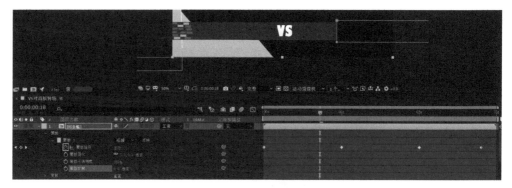

图 2-34　调整蒙版位置

第 17 步　双击"预合成"，进入 VS 条幅与"VS"字母的合成界面中，对 VS 图层的缩放属性添加关键帧，实现字母由大变小、由小变大的效果，如图 2-35 所示。

图 2-35　"VS"字母缩放

通过上述步骤的实际操作，大家已经能够初步掌握 AE 的图层与关键帧功能。请参考上述步骤完成 TYLOO 战队的入场及出场特效，并根据画面情况添加装饰元素。

完成设计环节后，单击菜单栏中的"合成"→"添加到渲染队列"，分别对"渲染设置""输出模块""输出到"进行设置，单击"渲染"按钮导出成片，如图 2-36 所示。

图 2-36　渲染输出

2.2.2　子任务二　制作电子竞技赛事动态 KV

1. 任务背景

完美世界 DOTA2 联赛（Perfect World DOTA2 League，PWL）举办在即，赛事 KV 已经确定，如图 2-37 所示。小李作为视觉包装组的一员，承担了 KV 动态呈现制作任务，以保证其在电子大屏、直播平台上能有最佳呈现效果。

图 2-37　赛事 KV

2. 任务操作

经过对该 KV 的认真分析，在保证画面主体不变的情况下，小李认为屏幕内容、PWL 赛事名称、光线可作为动态效果实现点。他参照如下步骤进行了项目实施。

第 1 步　导入 KV 素材后，将 PWL、完美世界 DOTA2 联赛、Perfect World DOTA2 League 所在图层选中，单击鼠标右键选择"预合成"，效果如图 2-38 所示。

图 2-38　素材预合成

　　第 2 步　复制现有图层，并分别调整复制图层的位置、不透明度、混合模式等参数，使文字呈现浮雕效果，如图 2-39 所示。

图 2-39　制作文字浮雕效果

　　第 3 步　复制全部图层，选中所复制的任一图层，单击鼠标右键，在弹出的菜单中选择"图层样式",单击"外发光",调节外发光颜色、大小、不透明度等参数,如图 2-40 所示,直至呈现目标效果。在混合模式的"高级混合"中,关闭绿色通道,关闭混合内部样式为组。多次重复该步骤,使文字呈现多种发光效果混合样式,如图 2-41 所示。

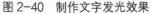

图 2-40 制作文字发光效果

图 2-41 文字发光效果

第 4 步 单击"发光效果",选中设置完成的拷贝图层,在不透明度属性上添加关键帧,依据灯光闪烁节奏调整关键帧疏密程度。重复上述操作,直至完成所有发光图层的不透明度关键帧设置,使文字呈现出霓虹灯闪烁效果,效果如图 2-42 所示。

图 2-42 文字霓虹灯闪烁效果

第5步 选中电子屏幕所在图层后，单击鼠标右键并选择"预合成"。导入一段预期在电子大屏中播放的视频，在"效果和预设"中搜索"边角定位"，在搜索框下方会出现"扭曲"及其下一级选项"边角定位"，双击即可将该效果添加至目标视频中，在监视器窗口中分别拖动视频四角与电子屏幕匹配。视频嵌入完成后，在此基础上添加发光等特效，并添加关键帧，即可完成电子屏幕动效制作，效果如图 2-43 所示。

图 2-43　制作电子屏幕动效

第6步 导入一段烟雾视频，新建预合成。双击进入预合成界面，选中烟雾视频，依次选择"效果"→"抠像"→"颜色范围"，单击"吸色工具"，如图 2-44 所示，选取烟雾视频中的黑色背景部分，调整模糊数值使透明部分面积增加，以免遮挡 KV 画面。调整完成后，在预合成界面中调整烟雾合成不透明度，使其呈现出较为自然的烟雾效果。

第7步 为了呈现光影变换效果，导入光影素材视频后，单击椭圆绘制工具创建蒙版，将模式改为"相减"或"相加"，勾选"反转"，随后调整蒙版羽化值、扩展参数，并调整视频的不透明度，使画面边缘呈现出较为自然的光影变化效果，如图 2-45 所示。

图 2-44 制作烟雾效果

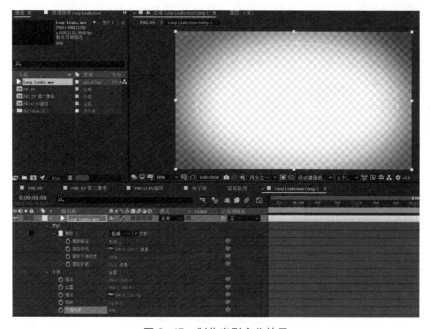

图 2-45 制作光影变化效果

2.2.3 巩固思考练习

1. 请自行搜集素材，用图层与关键帧相关知识制作一段转场视频。

2．KV 中还有哪些元素可以用动态效果呈现？请尝试搜集素材，用 AE 实现你的想法。

2.3 任务二 完成电子竞技赛事视频特效

➢ 任务要求

◇ 了解 AE 软件中的运动跟踪概念，掌握跟踪效果控制点与跟踪摄像机的使用。

◇ 掌握 AE 软件中三维图层的创建。

◇ 熟悉 AE 软件中的常见粒子效果，熟练运用 Particular 粒子插件。

2.3.1 子任务一 制作视频跟踪效果

1. 任务背景

在赛事动态包装环节中，小李接到一个任务，需要将赛事 Logo 置于游戏人物帽子上，使两者的运动状态相匹配。当小李使用关键帧解决该问题时，发现过程极为烦琐且不能达到预期效果，此时，他准备尝试使用 AE 的跟踪功能进行解决。

原始素材如图 2-46 所示。

图 2-46 原始素材

预期效果如图 2-47 所示。

图 2-47 预期效果

2. 任务操作

运动跟踪功能能够记录原始素材在一定时间段内的位置、旋转、大小等变化信息并保存跟踪数据。调用该数据，将其应用于另一个对象，便能创建运动合成。

在跟踪点的选取上，需要遵循一定的原则：在捕捉时间段内，跟踪点持续出现在画面中；跟踪点与背景有明显区别，例如形状、颜色、明暗等信息与周围环境相差较大；在捕捉时间段内跟踪点不被其他元素遮挡。

如果所选取的跟踪点不能满足上述要求，则会造成跟踪点偏移、记录中断等现象，影响后续的合成操作。

合成操作的具体步骤如下。

第1步 新建合成，导入素材。在常用工具窗口中打开"跟踪器"面板（若常用工具窗口中没有，可单击"窗口"菜单，勾选"跟踪器"），如图 2-48 所示。

图 2-48 新建合成，导入素材

第2步　通常情况下，如果素材中的目标跟踪点仅出现位置变化，使用一个跟踪点便可进行位置记录；如果出现旋转、大小变化或其他较为复杂的运动，则需要两个及以上的跟踪点进行记录。

选中摇头素材，在跟踪器中单击"跟踪运动"，监视器窗口中会出现"跟踪点1"。由于人物进行摇头动作时，帽子不仅发生位置变化，还出现了旋转变化，因此需同时勾选"位置"和"旋转"，此时出现"跟踪点2"。如图2-49所示。需要注意的是，"跟踪点2"在默认位置出现时会盖住"跟踪点1"的右侧。

第3步　跟踪点由内外两个方框组成。将内框放置在跟踪点上，并调整其大小与跟踪点大小相匹配；外框为该跟踪点的预期位移范围，一般需大于内框。将"跟踪点1"定位于人物帽子的缎带上，"跟踪点2"定位于嘴巴，两个定位点均符合选取原则。单击向前分析按钮"▶"，即可对跟踪点的运动状态进行分析记录，如图2-50所示。

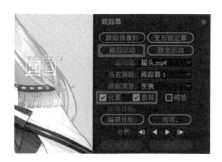

图2-49　确定跟踪点

图2-50　分析记录跟踪点的运动状态

第4步　如果在分析过程中出现跟踪点记录位置偏移的情况，可按空格键暂停进行手动调整。分析完成后，会在画面中生成位置记录点。新建空对象，在"跟踪器"面板中单击"编辑目标"，选择"空1"，单击"应用"，如图2-51所示，在弹出的对话框中选择应用维度为X和Y，单击"确定"（在只有一个跟踪点的情况下，可直接将目标选为预期合成素材，无需新建空对象）。

图 2-51　确定运动目标

第 5 步　导入 DPC Logo 素材，将该素材放置在预期位置，在 "父级和链接" 一栏中选择 "空 1"，如图 2-52 所示。

图 2-52　导入 DPC Logo 素材

第 6 步　此时，DPC Logo 素材已经能随着头部动作进行移动，且与帽子的相对位置不发生改变，如图 2-53 所示。

图 2-53　DPC Logo 素材移动

在完成该任务后，继续使用跟踪功能在一段前进运动的素材中添加赛事 Logo，但画面中元素区别不大，且没有持续出现在画面中的跟踪点。此时，可以尝试使用"跟踪摄像机"功能完成操作。跟踪摄像机主要用于对画面里的2D元素进行透视变化分析，通过计算镜头变化数据，推算摄像机的运动轨迹，以便正确合成 3D 素材元素。具体操作步骤如下。

第1步　新建合成后导入素材，在"跟踪器"面板中单击"跟踪摄像机"，分析完成后 AE 会自动解析摄像机，并在画面中生成特征点，如图 2-54 所示。

图 2-54　跟踪摄像机

第2步　选中画面中的道路尽头位置的特征点，单击鼠标右键，选择"创建实底和摄像机"，如图 2-55 所示，时间轴窗口中会自动生成"跟踪实底 1"和 3D 跟踪器摄像机。

图 2-55　创建实底和摄像机

第3步　导入 Logo 素材，勾选 3D 图层，并在"父级和链接"菜单栏中选择"跟踪实底 1"，如图 2-56 所示。

图 2-56　导入 Logo 素材

第4步　隐藏"跟踪实底 1"图层，调整 Logo 的位置、缩放、X/Y/Z 轴旋转等数据，使其处于目标位置，如图 2-57 所示。

图 2-57　调整 Logo 参数

第 5 步　此时，Logo 已经位于道路尽头位置，不随着摄像机的推进与周边环境
发生相对位置的改变，如图 2-58 所示。

图 2-58　Logo 与周边环境无相对位置的改变

2.3.2 子任务二 制作 3D 效果

1. 任务背景

在子任务一中，小李在利用跟踪摄像机调整 Logo 时，初步接触了 3D 图层概念。小李发现，较以往的参数调节而言，3D 图层在调节过程中多了 Z 轴数据，进而在平面上产生了"立体空间"的效果。

接下来，小李需要使用 AE 在平面上呈现 3D 效果，即体现画面跟随摄像机移动所呈现出的纵深感，所需的素材如图 2-59、图 2-60、图 2-61 所示。

图 2-59 背景

图 2-60 舞台框架

图 2-61 赛事标志

制作 3D 效果时，镜头需从背景图层逐渐拉近，依次呈现舞台框架、赛事标志，并呈现灯光由右及左的光效变换。

2. 任务操作

第1步 新建时长为 4s 的合成，导入素材并调整图层位置，使背景图层位于底部、舞台框架图层位于中部，赛事标志图层位于最前方，打开 3D 图层开关，如图 2-62 所示。

图 2-62 新建合成，导入素材

第2步　在"图层"面板单击鼠标右键，选择"新建"→"摄像机"，将"预设"调整为 50 毫米，单击"确定"，如图 2-63 所示。

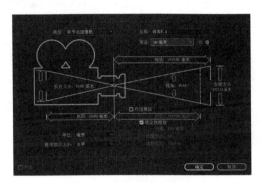

图 2-63　调整摄像机预设

第3步　在监视器窗口中选择"2 个视图水平"，以便直观调整摄像机位置，并同步查看摄像机效果，如图 2-64 所示。

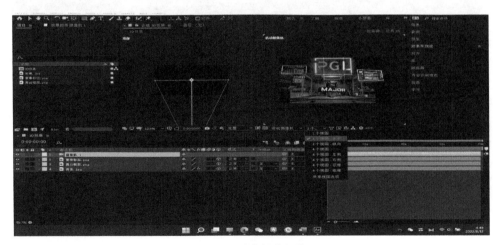

图 2-64　调整摄像机位置

第4步　在顶部视图中调整 3 个图层的相对位置，使其在三维空间中存在 Z 轴方向距离差，以便摄像机沿 Z 轴运动时产生空间纵深效果，如图 2-65 所示。

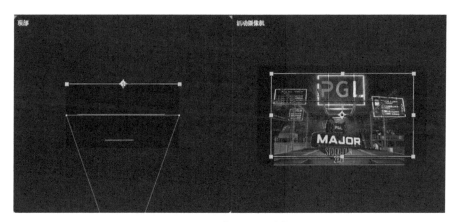

图 2-65　调整图层相对位置

第 5 步　将时间指示器拖动至 4s 处，如图 2-66 所示，然后调整 3 个图层的位置、大小等属性，使其呈现目标布局。

图 2-66　调整图层属性

第 6 步　将时间指示器拖动至 0s 处，调整摄像机位置的 Z 轴旋转数值，使其位于背景图层与舞台框架图层中间，并调整目标点 Y 轴的旋转数值，使其呈现仰拍角度，对两个属性分别标记关键帧，如图 2-67 所示。

图 2-67 调整摄像机位置

第 7 步 将时间指示器拖动至 3s 处，调整摄像机的目标点与位置属性，如图 2-68 所示；并在该时间段查看摄像机位置与图层关系，确保镜头在图层之间不被遮挡，并能够呈现运动效果，如图 2-69 所示。

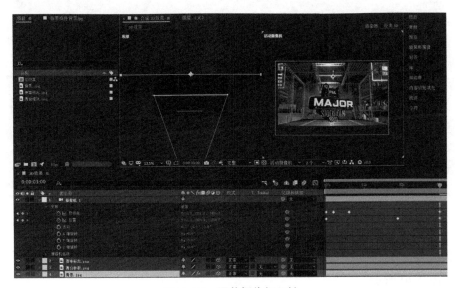

图 2-68 调整摄像机属性

图 2-69　摄像机运动效果

第8步　在"图层"面板中单击鼠标右键，选择"新建灯光"，设置"颜色"为白色，如图 2-70 所示。

图 2-70   新建灯光图层

第 9 步 在 0s 处，分别打开顶部视图、左侧视图，将灯光移至画面右上方，并调整目标点、方向等参数使灯光照亮背景，如图 2-71 所示。

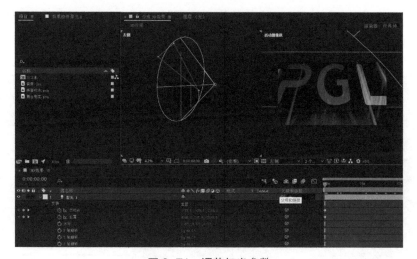

图 2-71   调整灯光参数

第 10 步 在 2.5s 处添加关键帧，确保 0 ～ 2.5s 灯光位置及参数不发生变化，如图 2-72 所示。

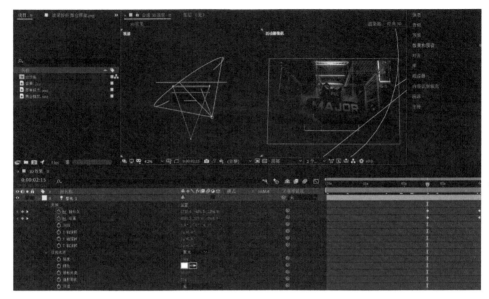

图 2-72　为灯光添加关键帧

第 11 步　在 4s 处，调整灯光使其位于画面左上方，并拖动目标点，使灯光照亮整个赛事标志，如图 2-73 所示。

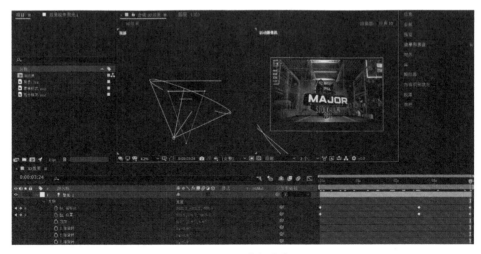

图 2-73　调整灯光位置

第 12 步 渲染导出后成片效果如图 2-74 所示。

图 2-74 成片效果

2.3.3 子任务三 制作粒子效果

1. 任务背景

当小李用 3D 图层功能实现了 3D 效果后，觉得相较于平面作品，画面有了纵深感与光效变化，但整体视觉层次仍然比较单调，缺乏变化与动感。因此，小李决定借助粒子特效不断丰富、完善画面，使其富有多重变化。而 AE 内置了部分粒子特效，如雨、雪、气泡、涟漪等，可以实现基础的粒子特效添加。

2. 任务操作

第1步　在"图层"面板中新建纯色图层，单击"效果"→"模拟"→"泡沫"，如图 2-75 所示。

第2步　在左上方的"效果控件"面板中，视图选择"已渲染"，将纯色图层转为 3D 图层，并移动到图层最前方。在"效果控件"面板的"制作者"栏中将"产生点"移至画面下方，根据需求调整方向、位置、缩放等参数，并在时间轴窗口中将该粒子图层的起始时间调至 2s 处，添加由下至上出现的位置关键帧。至此，已通过 AE 内置粒子模拟功能实现泡沫粒子的制作，如图 2-76 所示。

图 2-75　新建纯色图层

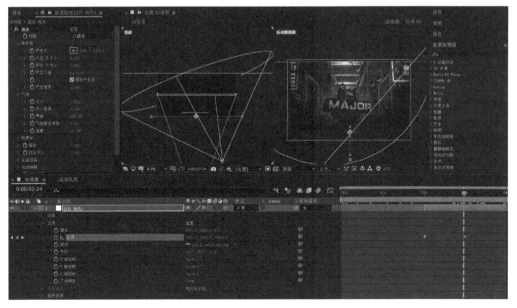

图 2-76　制作泡沫粒子

2.3.4　巩固思考练习

1. 请自行尝试使用 AE 自带的粒子特效，并调整各项参数查看粒子效果的变化。

2. 在实际工作场景中，内置特效在多数情况下无法满足使用需求，此时便需要使用粒子插件如 Particular 等来实现烟雾、星云、光线发射等效果。请安装 Particular 粒子插件，并使用该插件为作品添加烟雾、火花粒子效果。

图 2-77 所示为 Particular 粒子插件操作界面。

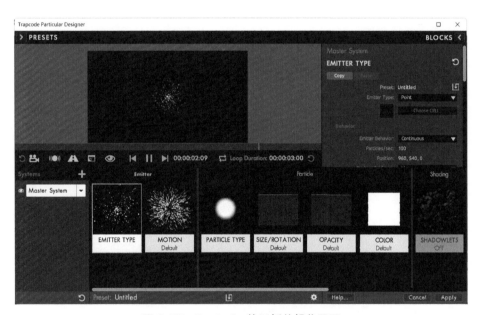

图 2-77　Particular 粒子插件操作界面

学习单元 3

电子竞技赛事视频制作

单元概述

本单元重点针对电子竞技赛事视频制作,主要介绍电子竞技赛事视频的制作流程、剪辑原则和后期制作,以及电子竞技短视频剪辑软件。本单元包含两项学习任务,分别为撰写电子竞技赛事视频脚本和制作电子竞技赛事视频。通过实际完成脚本的撰写与视频的剪辑,读者可掌握电子竞技赛事视频的制作方法。

知识目标

◇ 了解电子竞技赛事视频制作的流程与原则。

◇ 了解电子竞技赛事视频脚本的撰写方法。

◇ 掌握电子竞技赛事视频制作相关软件的操作方法。

技能目标

◇ 能够根据项目需求完成赛事视频脚本的撰写。

◇ 能够根据项目需求制作电子竞技赛事视频。

3.1 基础知识

视频作为涵盖图片、文字、语音等多元化信息的内容传播形式，能够高效、直观地传播电子竞技赛事内容，满足观众对电子竞技赛事相关信息的获取需求。短视频平台、直播平台快速崛起和发展，可以通过内容推荐算法精准定位电子竞技用户群体，这样的传播环境需要内容丰富、重点突出的视觉内容来满足电子竞技用户群体的需求。因此，视频逐步成为电子竞技赛事内容生产领域的主要传播形式。

电子竞技赛事视频作为赛事运营中的重要元素，需同时具备功能价值与观赏价值。在视频制作初期，要充分了解受众特征、观看场景、需求倾向，把握赛事传播节奏，明确内容制作重点，以实现其功能价值。在观赏性方面，电子竞技赛事视频需立足于视听语言理论基础，遵循镜头组接原则，降低用户的信息获取门槛，提升观赏价值。

3.1.1 电子竞技赛事视频制作流程

电子竞技赛事视频的制作要考虑观赏性，需遵循的制作流程如图 3-1 所示。

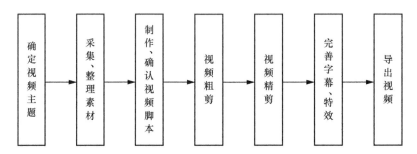

图 3-1　电子竞技赛事视频制作流程

1. 确定视频主题

电子竞技赛事视频的主要类型有赛事宣传、战队宣传、人物采访、赛事 Vlog、赛事记录、集锦等，在特定赛事周期内会涉及多场比赛、多支队伍、多个场景。因此，在视频制作前，需明确视频类型、赛季场次、涉及人物、视频时长等重要信息，确定视频的主题和内容。

2. 采集、整理素材

确认主题后，须对相关拍摄、录制、合成的素材进行收集并归类，初步浏览素材文件，及时确认是否存在素材缺失情况，并进行有针对性的补拍、补录工作。

3. 制作、确认视频脚本

依据原始素材、视频主题与时长要求，按视听语言理论与镜头组接规律创作视频脚本。拟好脚本后与对接人员及时进行讨论确认，以便开展后续视频剪辑工作。

4. 视频粗剪

参照脚本内容初步完成素材排序，对于脚本中无法呈现的内容进行修改，形成视频初稿。

5. 视频精剪

初稿基本满足需求后，需对转场效果、背景音乐、解说词、色调、构图、视频节奏、剪接点等进行细致选择与调整。

6. 完善字幕、特效

添加并校对字幕、水印、音效、片头 / 片尾等元素，保证视频符合制作规范。

7. 导出视频

完成视频制作后进行渲染导出，并对相关素材进行整理和归档。

3.1.2 电子竞技赛事视频剪辑原则

1. 视听语言基础

（1）景别。

景别是指由于摄像机焦距的改变，或摄像机与被摄主体距离的不同，被摄主体在画框中所呈现的范围、大小会有所区别。景别的划分一般以人为主体，从大到小依次是大远景、远景、全景、中景、中近景、近景、特写、大特写。其中大远景、远景、全景为大景别，中景及以下为小景别。从全景到大特写的画面如图 3-2 所示。

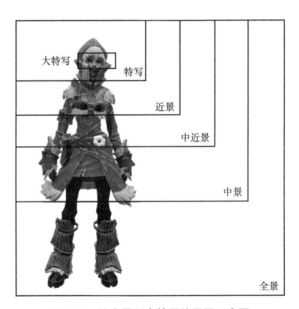

图 3-2　从全景到大特写的画面示意图

图 3-3 所示为大远景。大远景所涵盖的空间范围较大，如果该空间中有人物存在，则人物高度一般不宜超过画框高度的 1/4。大远景常用于交代赛事举办环境，展示规模宏大、气势磅礴的场馆场景，一般放在视频开头或结尾。

图 3-3　大远景

　　与大远景相比，远景更关注人所处的位置和人与环境之间的关系。当景别进一步缩小，整个画框用于表现人物全身时，则被称为全景。全景可以清晰展示战队成员的全貌。值得注意的是，全景中人物头顶的预留空间要大于脚下的空间，以避免画面呈现局促感与压抑感。

　　中景的取景范围一般为人物膝盖以上部分，可以用于展现人物上半身的动作状态以及周边环境。中近景则用于表现人物腰部以上部分，较常用于展现主持人、解说员等的形象和面貌，能够展示人物的手部动作和面部表情，有助于增强人物与观众的互动感，如图 3-4 所示。

　　近景用于表现人物胸部以上的活动状态，此时画面内容较为简单，环境被虚化，可使观众的注意力集中于人物本体。当想要呈现选手、教练、观众的面部表情时，可采用特写或大特写景别，突出人物的面部或面部局部，展示人物情绪的变化，并使人物从环境中独立出来，体现情绪的微妙变化，这样可使画面富有视觉冲击力。图 3-5 所示为人物特写。

图 3-4　中近景　　　　　　　　　　　图 3-5　人物特写

不同的景别可带来不同的观赏感受，这就是景别的魅力。表 3-1 罗列了各种景别的优点和缺点。

表 3-1　各种景别的优点和缺点

景别	优点	缺点
大远景、远景	展示赛事举办环境及场景信息	无法展现人物细节
全景、中景、中近景	既可表现人物活动，又能交代人物所处环境	—
近景、特写、大特写	清晰表现人物的表情、细微动作	难以呈现环境信息

（2）构图。

为了保证视觉效果的美感，或有意识地突出主体，将画面中元素的位置、大小、虚实等关系进行组织与布置的行为称为构图。在构图过程中，根据赛事视频的呈现需要，可以采取均衡、对称、对比等构图手法。

在呈现两支战队的出场画面时，为了彰显战队实力的势均力敌，可以采用对称构图手法，保证以画面中心为支点，两支战队在画面中的位置、所占面积、队员动作、队员位置疏密、色彩等布局均衡。

当即将开赛时，也可采用对称构图予以呈现，保证画面中左右两侧的视觉元素处于对称状态，呈现出较为稳定的视觉效果，并且凸显两支战队的对决状态。

图 3-6 所示为对称构图。

图 3-6　对称构图

画面元素较为复杂多变时，同样可采用对比的构图手法突出目标主体。例如，在游戏对决画面中，如果角色站位较为混乱，不利于突出对战细节，则调节目标区域的大小或亮度，引导观众将视线集中于目标区域，可以更好地呈现赛事细节。

（3）色彩。

在视频制作过程中，可通过调节画面色调或呈现特定颜色的物品来表达情绪、烘托氛围。例如，选取红色可以突出赛事热烈而浓郁的昂扬氛围，表现参赛者或观众的激情与活力，红色调还能突出取得胜利时的荣誉感与神圣感，但过于浓郁的红色则会凸显危险与不安的情绪。

与红色相近的暖色也能呈现类似的视频效果，如黄色可渲染轻松、明快、欢乐的氛围，能够传达较为轻松愉悦的情绪状态。

绿色、蓝色、黑色等冷色所蕴含的情绪更为沉静，常用于表现宁静、无助、悲观等情绪，刻画比赛失利时的情绪状态。图 3-7 所示为黑色色调的视频画面。

图 3-7　黑色色调的视频画面

（4）角度。

视频中人物或事物的正面角度多用于展现其面部特征，如拍摄主持人、解说员时，一般选取正面角度镜头，表现较为正式的赛事氛围，也能较好地呈现被摄人物及其所处环境。但采用正面角度时，会损失一定的画面立体感、层次感、空间感，因此需要用其他角度的镜头进行补充呈现。

　　侧面角度能够展示人物的侧面轮廓与姿态，利于表现人物的面部特征，同时利用强逆光照明可以获得剪影效果，增强被摄人物的"神秘感"。例如，在展现教练与队员的双人对话场景时，可采取侧拍角度，以过肩正反拍的方式同时呈现说话者的前侧面和聆听者的后侧面。

　　在某些特定场景下，为了增加悬念、模糊人物的心理状态、充分调动观众的想象力和好奇心，可以采用背面角度呈现被摄主体。观众无法捕捉其面部细节，仅可通过其肢体动作、步伐、身形推测其心理活动，进而更好地引导观众情绪，如图 3-8 所示。

图 3-8　背面角度

　　在呈现赛事场馆的恢宏壮阔时，可采用仰拍角度夸张表现建筑物的高度，夸张表现其线条进而彰显建筑物的雄伟气势。同理，在呈现冠军队伍的胜利形象时，也可采用仰拍角度突出人物，同时能够简化背景，使画面更为简洁。图 3-9 所示为建筑物的仰拍。

图 3-9　建筑物的仰拍

想要呈现赛事现场面积广阔、观众众多的场景时，采用俯拍角度的镜头则更能呈现空间的深远感，通过俯拍压缩垂直线条能够使人物更为渺小，使画面更好地展现观众数量等现场情况。图 3-10 所示的照片强调了赛事现场观众的密集程度。

图 3-10　对赛事现场观众的俯拍

2. 镜头组接规律

在对不同的视频画面进行组接时，需要遵循一定的语法规则，从而产生具有含义的艺术表达。这种对视频画面的剪辑和组合手法被称为蒙太奇。图 3-11 所示为蒙太奇的常见类型。

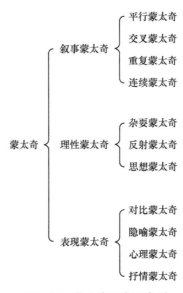

图 3-11 蒙太奇的常见类型

其中，较为常用的是平行蒙太奇、交叉蒙太奇、重复蒙太奇、对比蒙太奇、心理蒙太奇和隐喻蒙太奇。

（1）平行蒙太奇。

把两条以上的情节线并行表现，分别叙述，最后统一在一个完整的情节中，即平行蒙太奇。平行蒙太奇可用于展现某战队在训练、比赛时的不同状态，或展现某战队在不同赛季的表现变化。

（2）交叉蒙太奇。

交叉蒙太奇是把同一时间、不同空间的两种动作交叉剪辑，塑造紧张的氛围和强烈的节奏感。交叉蒙太奇常用于比赛画面的呈现，将同一时段内不同战队的表现交叉展现，并逐渐收缩至两者或多者进行对决的场景上，进一步烘托比赛的紧张感和刺激感。

（3）重复蒙太奇。

重复蒙太奇一般是将具有一定寓意的镜头在关键时刻反复呈现，以达到刻画人物、深化主题的目的。使用重复蒙太奇手法展现比赛画面中的高光时刻，可以通过不同角度的重复展现加以强调，完整突出相应场面的精彩，加深观众对此精彩场面的印象。

（4）对比蒙太奇。

运用对比蒙太奇，可以彰显镜头在内容上或形式上的强烈对比，产生相互强调、冲突的作用，以表达某种寓意，或强化所表现的情绪和思想。例如，在突出某支战队胜利来之不易时，可将其以往的失意镜头与当前的胜利画面进行剪接，运用对比进一步突出胜利带来的激动与喜悦。

（5）心理蒙太奇。

心理蒙太奇是指通过镜头组接或音画有机结合，直接而生动地展示出人物的心理活动、精神状态。在表现赛事带给选手压力时，可有意识地选取手部、表情、眼神特写，并加快组接节奏，呈现出选手面对赛事时的紧张感。

（6）隐喻蒙太奇。

隐喻蒙太奇是指利用景物的镜头来说明主题和人物思想活动，即在某一个画面之中或之后出现另一个画面（特别是空镜头），含蓄而形象地表达情节寓意。二者看似无关，却有比喻意义。例如，在展现战队成员的画面结束后，想要表达各支战队对胜利的渴望，可通过加入奖杯、奖台等元素表现人物对身处领奖台的向往，如图 3-12 所示。

图 3-12　用奖杯隐喻胜利

除了运用常见的蒙太奇规则外，进行后期剪辑时还需要保证各个镜头组接符合逻辑规律，能够依据语法规则流畅叙事。因此，需要保证镜头组接遵循以下原则。

（1）动接动，静接静。

在对不同画面进行分析衔接的过程中，为了保证画面的连续性和流畅度，一般采用运动镜头接运动镜头、固定镜头接固定镜头的模式。如果无法保证预期衔接素材的镜头一致，可通过镜头内元素的动静变化、运动状态变化进行缓冲处理，保证动静衔接得当。

（2）两极镜头不宜组接。

两极镜头指远景系列画面与近景系列画面。当从远景直接切入近景画面时，会显得较为突兀、反常，会让观感变化过大，因此在组接过程中通常要避免该情况的发生。

（3）画面持续时长与景别大小相匹配。

大景别的画面中，场景空间较为广阔，观众需要较长时间捕捉画面信息；而小景别画面中的内容则相对简单，观众在短时间内便能获取关键信息。因此，在镜头组接过程中，大景别画面持续时间较长，小景别画面持续时间略短，以保证观众能够充分理解和获取画面信息。

（4）遵循轴线原则选取与组接素材。

在剪辑过程中，如果发现同一场景出现多个拍摄角度，应遵循轴线原则进行素材的选取与组接。例如在一段教练员与队员的对话场景中，教练员位于画面左侧，队员位于画面右侧，在展现该场景时应保证两者的站位及视线方向不发生改变，切到队员特写时其目光方向应是从右向左看。如果不遵循轴线原则，则会造成观众对于人物站位及相对位置关系的理解混乱，不利于视频内容的表达。

（5）把控视频节奏。

由于视频时长一般具有明确限制，所以视频制作者需在规定时间内完成信息的完整表达，保证视频节奏合理，具体表现为语速、语调、音乐等听觉元素快慢适中，画面可通过加速、慢放等形式缩减或强调内容细节，形成张弛有度的视频节奏，以保证观众的观看留存率。

3. 转场控制

在把握镜头的组接原则后，两个相邻镜头间需要使用转场技巧加以连贯衔接，两段故事情节也需要转场镜头予以划分段落，以保证叙事的完整性和情绪的连贯性。依据转场方式的不同，可将转场分为画面转场与技术转场两种类型。

如果前后两段画面中出现同一或相似被摄主体，抑或两被摄主体的运动状态一致，可以将两个镜头进行直接切换。同样适用直接切换的画面还包括特写镜头、空镜头、落幅（运动镜头终结的画面）和起幅（运动镜头开始的场面）。这些情况无须采用剪辑技巧，即可形成自然流畅的视觉效果。

如果两个镜头存在较大差异，使用直切会使观感较为突兀，则需要借助视频剪辑软件进行改善。例如想要两个画面交叠过渡，可以使用渐隐、渐显、叠化效果，使前后两个镜头逐渐融合转换，削弱两个画面间的变化感。如果期望增加画面的动感，则可以采用划入、划出、甩、切等手法。

在技术转场中，还可以依据需求使用定格、分屏、J 形转场、L 形转场等手法，带给观众不同的视听体验。

4. 脚本撰写

在电子竞技赛事视频的制作流程中，视频脚本是有序开展后期剪辑工作的基础，用于指导叙事与素材选取、拍摄和剪辑，能够有效提升视频制作效率。依据不同的视频剪辑需求，可将常见的脚本分为大纲脚本与分镜头脚本两种类型。

（1）大纲脚本。

在视频主题较为明确、涉及素材量较少的情况下，可以采用大纲脚本确定剪辑要点。大纲脚本具备较高的灵活性与机动性，可以应对不同的剪辑场景。

大纲脚本的撰写思路如下：

◇ 明确赛事视频主题，归纳其主要内容；

◇ 确定视频呈现角度与切入点；

◇ 确定所需素材类型；

◇ 确定音乐风格；

◇ 确定视频时长；

◇ 完善细节（如注意事项、视频规格等）。

大纲脚本样例如表 3-2 所示。

表 3-2　大纲脚本样例

大纲脚本项目	对应的内容
标题	DPC 中国联赛第二赛季精彩回放
类型	精彩镜头集锦
参考	同赛季往期精彩回放视频
时长	3min 左右
文案	DPC 每日精彩时刻
素材	① 片头（固定模板） ② A 级 IG vs Aster.A 第二局： 29:44—30:00　　　　37:02—37:20 第三局： 31:20—31:37　　　　42:49—43:06 ※ 转场 ③ S 级 Aster vs XG 第一局： 34:40—34:54 第二局： 32:02—32:25 ※ 转场 ④ S 级 PSG.LGD vs RNG 第一局： 16:47—17:20　　　　28:54—29:22 第二局： 29:09—29:35 ⑤ 片尾（固定模板）
背景音乐	节奏感强，所需时长 200s 以上
注意事项	右上角添加该场比赛最终比分条幅
发布平台信息（视频规格）	1920 像素 ×1080 像素，MP4

（2）分镜头脚本。

在视频内容较为复杂的情况下，分镜头脚本更能体现创作者的意图。分镜头脚本不仅便于把控前期素材的拍摄内容，也便于后期剪辑工作的高效开展。分镜头脚本一般包括镜号、画面内容、景别、镜头运动、分镜时长、背景音乐等元素，在一定程度上通过文字展示视频预期效果，在视频创作过程中具有较强的指导意义。

分镜头脚本样例如表 3-3 所示。

表 3-3　分镜头脚本样例

标题					IWO 酒店 Vlog——选手伙食一览				
时长					2min 以内				
镜号	镜头运动	景别	分镜时长	画面内容	文案/解说词	花字	音效	背景音乐
1	跟镜头	中景	13s	MAD 从餐厅门口进入餐厅内部，介绍餐厅情况	大家好，我是大家的记者 MAD，我们现在来到酒店二楼的自助餐厅，这是一个选手专用的餐厅，大家在规定的用餐时段可以来这里用餐			轻快且有节奏感的音乐，在人物讲话时降低音量
2	固定镜头	中景	5s	选手在自助台取餐	我们可以看到这个地方非常宽敞			
3	从左向右摇	特写	5s	菜品被从自助台盛至餐盘	菜品非常丰富			
4	摇	特写	3s	菜品 1	现在是晚上六点半，有许多选手在这边用餐，我们来看下他们在吃什么			
5	摇	特写	3s	菜品 2				
6	摇	特写	3s	菜品 3				
7	跟镜头	中景	5s	MAD 走近正在用餐的选手餐桌				
8	推	中景至中近景	60s	询问选手用餐感受				

除上述两种脚本类型外，部分情况会以视频文案、解说词作为脚本基础，参照解

说词内容进行素材拍摄与收集，依据文案进行视频制作。

3.1.3　电子竞技赛事视频后期制作软件

Premiere 是由 Adobe 公司推出的非线性视频编辑软件，广泛应用于视频后期制作中，集采集、剪辑、调色、音频处理、字幕编辑、输出等流程于一体，能与 Adobe 公司其他软件如 Photoshop、AE 等联合使用，支持多种视频格式。

1. 界面介绍（以 Premiere Pro 2020 为例）

Premiere Pro 2020 的界面由菜单栏（①）、预设面板（②）、源窗口（③）、效果控件（③）、音频编辑混合器（③）、元数据（③）、节目预览窗口（④）、"项目"面板（⑤）、工具栏（⑥）、轨道及"时间轴"面板（⑦）、音频主控器（⑧）等部分组成。如图 3-13 所示。

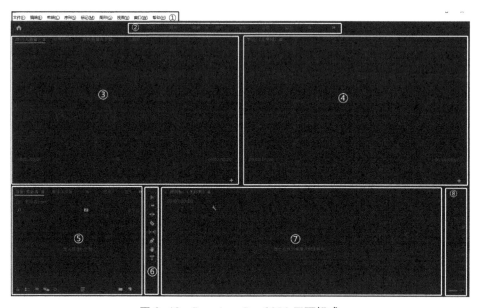

图 3-13　Premiere Pro 2020 界面组成

2. 素材导入与管理

（1）单击"文件"→"新建"→"项目"，为项目命名并选择文件保存位置。项目创建完成后，单击"文件"→"新建"→"序列"，"序列预设"栏中提供了固定格式的分辨率与帧率预设，在"设置"栏中可以根据特定需求调整各项参数，如图 3-14所示。另外，在"轨道"下可设置视频轨道与音频轨道数目（也可在后续编辑过程中进行添加与删除）。

图 3-14 新建项目，调整参数

（2）在"项目"面板中，双击下方的空白区域即可导入素材，如图 3-15 所示，或单击"文件"→"导入"执行素材导入操作。Premiere Pro 支持导入的音视频、图像、字幕等素材的格式如表 3-4 所示。

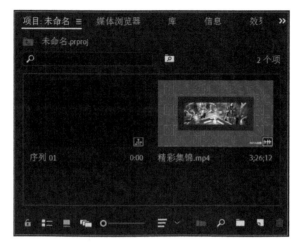

图 3-15　导入素材

表 3-4　Premiere Pro 支持的素材格式一览

素材类型	支持的格式
视频	AVI、DV、H.264 AVC、MOV、MP4、MPEG、MPE、MPG、WMV 等
音频	M4A、MP3、AAC、WAV 等
图像	AI、EPS、BMP、RLE、GIF、JPEG、PNG、PSD、TIFF 等
字幕	DFXP、MCC、SCC、SRT、STL、XML 等

3. 素材剪辑

（1）素材导入完成后，拖曳所需的素材至"时间轴"面板中。单击选择工具，可将视频拖动至时间轴任一位置。单击剃刀工具可对素材进行切割，删除多余部分，保留目标区域，如图 3-16 所示。

（2）如需调整素材画面大小，可选中目标素材，在左上方"效果控件"面板中调整素材的位置、缩放、旋转、锚点等属性，单击时钟图标"🕐"可添加或删除关键帧，如图 3-17 所示。

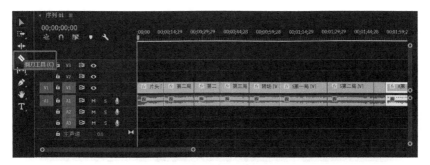

图 3-16 切割素材

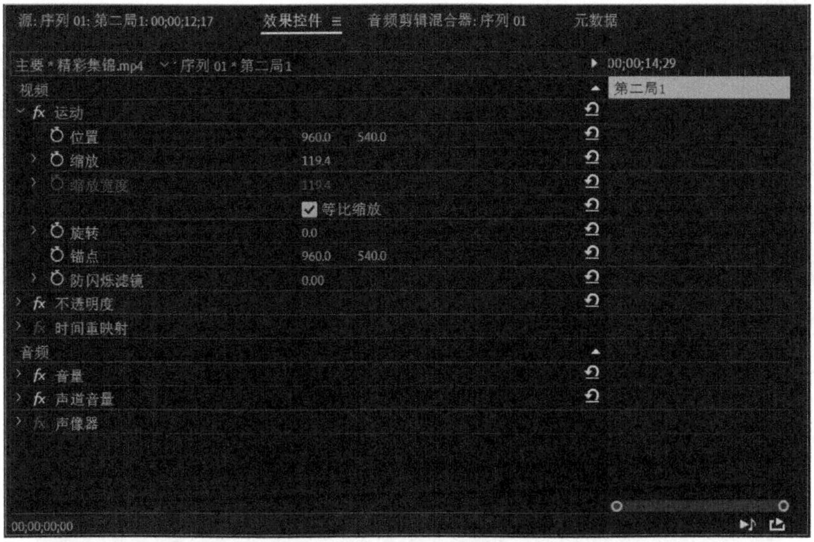

图 3-17 调整素材画面大小

（3）如需调整视频播放速度，可在相应素材上单击鼠标右键，选择"剪辑速度 /
持续时间"，速度设置大于 100% 为加速、小于 100% 为减速，勾选"倒放速度"可
对视频进行倒放处理。在时间插值的选择中，选择"帧采样"会在变速时出现一定
程度的卡顿现象；选择"帧混合"可在采样基础上增加渐变与叠加效果，视频播放
更加流畅；选择"光流法"容易在视频素材质量不佳的情况下出现画面畸变的现象。
如图 3-18 所示。

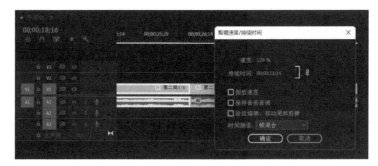

图 3-18　调整视频播放速度

4. 转场

在预设面板中单击"效果"，即可打开"效果"面板。在"效果"面板中选择"视频过渡"，其内置了 3D 运动、内滑、划像、擦除、沉浸式视频、溶解、缩放、页面剥落等多种转场预设。双击打开"溶解"栏，会出现多种溶解转场模式。选择"交叉溶解"，并将其拖动至两段需要转场效果的素材中间，选中该转场效果，在"效果控件"面板中可对持续时间、对齐方式进行自定义设置，如图 3-19 所示。除预设转场外，还可根据视频需求自定义过渡效果，或安装转场特效插件套装 FilmImpact Transition Packs 等设置转场。

图 3-19　设置转场效果

5. 字幕制作

在视频素材基本处理完成后，需要为视频添加字幕以便准确传播内容。在菜单栏中，依次单击"文件"→"新建"→"字幕"，在弹出的"新建字幕"对话框中，将"标准"栏中的"格式"改为"开放字幕"，单击"确定"。将"项目"面板中生成的字幕文件拖至"时间轴"面板，双击字幕，打开"字幕"面板，即可在其中输入文字，并设置其字体颜色、字号、位置等属性。单击"+"按钮可添加新的字幕，"入点"与"出点"分别代表字幕的出现时间与消失时间，如图 3-20 所示。

图 3-20　字幕制作

6. 音频处理

在素材上单击鼠标右键，可选择"取消链接"将视频与音频分离，以便单独调整音频的相关属性。单击音频素材，在"效果控件"面板中可对其音量大小进行基本调整，"旁路"用于开启或关闭音频效果。在"效果"面板中，可以通过设置实现多种音频效果，如降噪、人声增强、消除嗡嗡声等，可依据需求进行自定义设置，如图 3-21 所示。

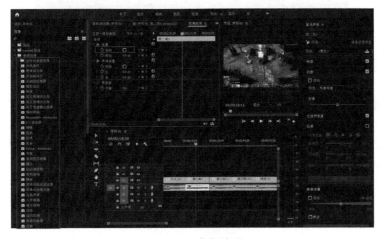

图 3-21　音频处理

7. 导出视频

作品制作完成后，根据发布平台及用途，输出不同格式的文件。在菜单栏中单击
"文件"→"导出"，常用选项为媒体，常用输出格式有 H.264、QuickTime、AVI 等。
单击"输出名称"即可更改导出文件名称及存储位置，还可选择目标比特率控制输出
文件的大小，如果视频中使用了变速效果，需设置"时间插值"为"帧混合"，以保证
画面的流畅播放。设置完成后，单击"导出"按钮便可进入视频渲染程序，如图 3-22 所示。

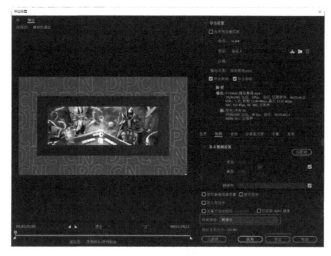

图 3-22　导出视频

3.1.4　电子竞技短视频剪辑软件

1. 剪映

剪映是字节跳动官方推出的一款适用于 PC（Personal Computer，个人计算机）端、
平板电脑端、手机端的视频剪辑应用，操作便捷、功能全面，可用于录制视频、切割
素材、变速、转场、配音、添加字幕、添加特效等。其内置多种特效，以及文字、转
场、视频、音频素材库，操作界面直观，可满足多种剪辑需求。图 3-23、图 3-24 所
示分别为剪映 PC 端和手机端界面。

图 3-23 剪映 PC 端界面 　　　　　图 3-24 剪映手机端界面

2. 快剪辑

快剪辑是奇虎 360 公司推出的在线视频剪辑软件，涵盖 PC 端与手机端等。其内置电商微商、动态海报、种草视频、企业文化、片头片尾等多种场景视频模板，自由剪辑功能能够精确到帧，支持视频分割、视频混剪、音频调节等多种操作，极大降低了视频创作门槛。图 3-25 所示为快剪辑 PC 端界面，图 3-26 所示为其手机端界面。

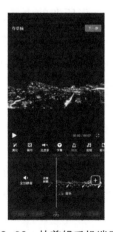

图 3-25 快剪辑 PC 端界面 　　　　　图 3-26 快剪辑手机端界面

3.2 任务一 撰写电子竞技赛事视频脚本

面对电子竞技赛事运作过程中的筹办记录、现场录制、赛事直播、人物采访等庞杂的视频素材，要产出内容明确、传播率高的赛事视频，离不开视频脚本。视频脚本是视频创作的基本依据，视频拍摄、素材选取、解说字幕制作等均需围绕脚本开展。逻辑清晰、重点突出的脚本能够使视频进一步凝结赛事精华、呈现赛事亮点，更好地服务于赛事传播。

➢ 任务要求

◇ 熟悉脚本撰写的基本思路。

◇ 了解视频脚本撰写的工作内容及要求。

◇ 完成电子竞技赛事与战队的宣传片脚本撰写。

3.2.1 子任务一 撰写电子竞技赛事宣传片脚本

1. 任务背景

小张所在的电子竞技赛事策划团队将于近期在上海举办一场 DOTA2 国际赛事，需要制作一段赛事宣传片，体现赛事地点、举办周期、参赛队伍、游戏特色等元素，重点面向移动端进行宣传，时长为 1min。领导安排小张为本场赛事的宣传片撰写脚本。

2. 任务操作

参考同类型赛事的宣传视频，充分结合任务背景中所提到的视频要点，完成视频制作的大纲脚本。脚本内容记录如表 3-5 所示。

表 3-5　脚本内容记录表

项目	具体内容
标题	
类型	
参考	
时长	
文案	
素材	
背景音乐	
注意事项	
发布平台信息（视频规格）	

3.2.2　子任务二　创作电子竞技战队宣传片脚本

1. 任务背景

随着赛程的不断推进，两支战队脱颖而出进入最终对决。为了进一步扩大决赛的影响力，策划团队决定制作两支队伍的宣传片，每支队伍宣传片的视频时长均为 30s。小张需要创作战队宣传片脚本，以便前期拍摄与后期剪辑工作的顺利进行。

2. 任务操作

由于该任务涉及前期拍摄，为保证视频流程的高效协作，需采用分镜头脚本详细制订拍摄计划，并为后期剪辑提供翔实依据。请明确视频所需体现的要素及对应的要求，完成战队宣传片的分镜头脚本创作，内容记录如表 3-6 所示。

表3-6　分镜头脚本创作内容记录表

项目	内容								
标题									
时长									
镜号	镜头运动	景别	分镜时长	画面内容	文案/解说词	花字	音效	背景音乐	

3.2.3　巩固思考练习

1. 为了便于拍摄人员、剪辑人员更好地理解脚本内容，请为子任务二中创作的分镜头脚本挑选参考画面。

2. 请挑选一段时长大于3min的电子竞技赛事宣传片视频，将其还原为分镜头脚本。要求必须包含镜号、景别、分镜时长、镜头运动、画面内容、声音（解说/背景音乐/音效）等栏目，视情况添加花字、备注等内容。

3.3　任务二　制作电子竞技赛事视频

随着移动互联网的普及与发展，视频逐渐取代传统的图片、文字、音频，成为时下主流的内容形态。其中，短视频凭借其观点鲜明、内容集中的优势快速吸引用户注意力，契合当前大部分人的碎片化信息获取习惯。电子竞技赛事的受众群体年轻化特征明显，信息获取渠道也更倾向于移动端，所以内容采用短视频的方式更易达成宣传目标。

➤ 任务要求

◇ 掌握相关软件的使用方法。

◇ 了解赛事视频制作的基本流程。

◇ 完成赛事混剪、Vlog、集锦的制作。

3.3.1　子任务一　完成电子竞技赛事混剪

1. 任务背景

2022 DPC 中国联赛第二赛季已举办完毕。为了给新赛季预热，小张需围绕第二赛季的比赛场景制作一段混剪视频，重点体现比赛期间的经典时刻，加深受众对赛事的印象，塑造赛事品牌。

2. 任务操作

搜集赛事素材，使用视频剪辑软件完成混剪视频，包含片头、转场、片尾、字幕、配乐等元素。

3.3.2　子任务二　完成电子竞技赛事 Vlog 制作

1. 任务背景

在新赛季的赛事举办过程中，观众对战队成员在比赛现场之外的日常生活、训练状态十分好奇。针对这项需求，小张搜集了他们的相关视频、图片、文字素材，准备以"备战日常"为主题制作一段赛事 Vlog。

2. 任务操作

（1）依据任务需求，搜集相关视频、图片、文字素材。

（2）撰写 Vlog 视频脚本。

（3）使用视频剪辑软件完成 Vlog 的剪辑与导出。

3.3.3　子任务三　制作电子竞技赛事集锦

1. 任务背景

随着赛事的高密度进行，部分观众并没有充足的时间完整观看每天的比赛。为了保证赛事观众的留存率，持续吸引用户观看，小张需要将当天比赛的精彩画面进行筛选整理，制作集锦回顾当日比赛的高光时刻。

2. 任务操作

（1）完整观看一场电竞赛事，记录比赛过程中的精彩时刻。

（2）使用视频剪辑软件完成赛事集锦的剪辑与导出，需包含标题、对局结果、片头与片尾等元素。

3.3.4　巩固思考练习

1. 除了赛事和战队宣传片、赛事混剪、Vlog、集锦外，电子竞技赛事视频还有哪些类型？

2. 在剪辑过程中，若出现部分素材无法导入的情况，该如何处理相关素材？

3. 根据自身视频创作经验，分析哪种脚本撰写思路更为高效。

学习单元 4

电子竞技赛事直播

单元概述

本单元面向的工作领域是电子竞技赛事直播，主要讲解电子竞技赛事直播系统、电子竞技赛事直播软件、电子竞技赛事直播流程、电子竞技赛事直/转播的镜头语言。

本单元包括两个学习任务，一个是掌握电子竞技赛事直播软硬件的使用方法，另一个是使用软件完成赛事直播过程中的转场与抠像工作。通过对以上知识的学习，读者可对整个电子竞技赛事直播进行把握。

知识目标

◇ 熟悉电子竞技赛事直播系统的构成及工作流程。

◇ 了解电子竞技赛事直播硬件与软件的使用。

◇ 掌握正确组建电子竞技赛事直播系统的方法，并配置相关软件，然后使用转场、抠像、慢放、回放等技术手段完成最基础的电竞赛事直播。

技能目标

◇ 理解电子竞技赛事直播系统的构成，包括图像获取设备（如摄像机、摄像头等）、声音获取设备、加工设备（如切换台、采集卡等）等硬件及字幕软件、直播软件等软件。

◇ 掌握电子竞技赛事直播软件 OBS 与 vMix 的使用方法。

◇ 能够根据电子竞技赛事直播的流程分别完成视频信号与音视频信号的采集和加工，根据网络情况与赛事内容设置分辨率、帧率、码率，能够完成转场、字幕与滤镜的添加，及抠像、慢放 / 回放等加工，最后顺利推流。

◇ 能够使用景别、镜头运动的视听语言完成电子竞技赛事直播节目中的表达。

4.1 基础知识

4.1.1 电子竞技赛事直播系统

在传播学与广播电视学领域，直播是指广播电视节目的制作和播出同时进行的播出方式，是一种充分体现广播电视媒介传播优势的播出方式。根据播出场合的不同，直播可分为现场直播、播音室直播和演播室直播。电视现场直播是在现场随着事件的发生、发展进程同时制作和播出电视节目的播出方式。在以电视为主导的媒体时代，观看现场直播是观众第一时间获取现场信息的主要方式。

在互联网尤其是移动互联网普及后，网络直播开始兴起。参照传播学及电视现场直播的概念，可将网络直播简单理解为在现场随着事件的发生、发展进程同步制作和发布信息，具有信息双向流通属性的网络发布方式。

对于电子竞技赛事来说，除了为现场观众呈现精彩的比赛外，同样重要甚至更加重要的工作是将现场赛事制作成节目进行直播。赛事的用户是观众，但囿于现场空间，只有一部分观众能在现场观赛。在这样的情况下，另一部分观众可以在任意有直播信号的地方选择观看直播的方式观赛。从目前的数据来看，电竞赛事线上观众的数量远远大于线下观众数量。

当前，直播是电子竞技赛事运营中最重要的部分，同时也是电子竞技作为数字娱乐产品最重要的加工过程。

直播技术不仅要保证即时传达现场精彩的竞技画面与其他信息，更要保证直播的画面稳定、包装精美、镜头语言流畅。

图 4-1 所示为电子竞技赛事直播的基本设备及其连接框架，其中省略了部分信号转换与设备连接的内容。

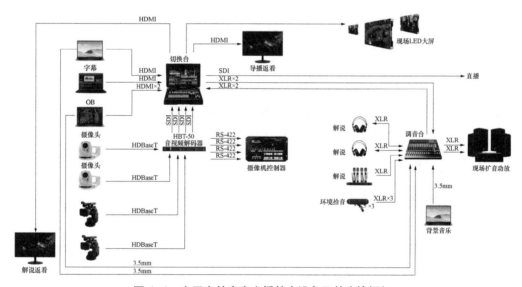

图 4-1　电子竞技赛事直播基本设备及其连接框架

现场图像画面的采集主要通过赛事现场的摄像机来完成（根据电子竞技项目的不同，一般会配置 10 ～ 12 个摄像机），这些画面或进行信号转换，或直接进入切换台。OB 画面、字幕制作完毕的画面及其他相关素材等随之进入切换台，并分别输出导播返看信号与解说返看信号，与此同时输出一路信号到现场 LED 大屏成为现场节目的一部分。

麦克风等设备用于采集现场环境声音、主持人和解说的声音、预先制作好的背景音乐声音，并传输到调音台。调音台通过现场音响进行扩音功放，同时将混好的声音传输到切换台。切换台则将音画信号合成输出至导播返看、解说返看、现场 LED 大屏及直播平台。

1. 信道摄像机

在电视摄像中，有一种现场多机位拍摄的方式称为信道（Channel）拍摄，这是由于信道摄像机没有带仓，信号直接通过线材传输到导播的切换台，通过制作后直接播出。这些线材就像流淌着信号流的"渠"，所以被称为信道。信道摄像机也被称作电子现场制作（Electronic Field Production，EFP）摄像机，两个名称一个更注重信息传输的方式，一个更注重现场系统的构成。

EFP 是电视技术迅速发展的产物，是一种适用于外景作业的电视节目生产方式。在外景作业中，它必须要有一整套设备系统，包括摄像设备、声音收录设备、处理视频信号的导播台或虚拟导播台、处理音频的调音台以及其他辅助设备（如字幕制作设备、灯光及相关的运载工具等）。

图 4-2 信道摄像机

图 4-2 所示为信道摄像机，它与普通的便携式摄像机不同，它没有带仓，拍摄的信号通过线材传输到导播台或虚拟导播台，之后被处理并播出。

2. 线材

（1）图像线材。

在电子竞技赛事直播的场景中，传输图像信号用的线材接口（Interface）有多种型号，主流的有串行数字接口（Serial Digital Interface，SDI）和高清多媒体接口（High

Definition Multimedia Interface，HDMI）。传输图像有的时候也会用到光纤与光端机、无线图像传输系统（简称"无线图传"）等。

图 4-3 所示为 SDI 和 HDMI 视频传输线。SDI 是由电影与电视工程师学会（Society of Motion Picture and Television Engineers，SMPTE）于 1989 年首次标准化的数字视频接口，是数字广播电视的标准接口，能够传输无损编码视频流。SDI 信号除了包含一个嵌入式的视频信号外，还包含多个独立的音频信号。SDI 在系统中承载不同的视频和音频元素，以获得一个单一的嵌入式视频信号，从而传输高质量的视频图像。SDI 优势明显：线材连接后可以固定，不易滑脱；传输速度稳定；传输距离可以达到 100 米。

SDI   HDMI

图 4-3 SDI 和 HDMI 视频传输线

HDMI 是一种全数字化视频和声音发送接口，可以发送未经压缩的音频及视频信号。音频和视频信号采用同一条线材，大大降低了系统线路的安装难度，但同时也限制了 HDMI 的传输距离（一般不超过 20 米）。目前也有不少民用级别的摄像机有 HDMI，所以在简单的直播场景中，可以使用民用级别的摄像机连接切换台。

（2）音频线材。

目前常用的音频线材按接口的不同分为不同类型。在电子竞技直播领域，常用的音频线材的接口是 XLR 接口（也称卡农接口）、3.5mm 接口和 6.5mm 接口等。

图 4-4 所示为 XLR 接口音频线。XLR 接口音频线的传输属于平衡传输，抗干扰性能强；接口配有弹簧锁定装置，不易脱落；接插件规定了信号流向，便于防止连接错误。所以，麦克风、声卡、功放、调音台设备间的连接都可以使用该音频线。XLR 接口音频线的接口分为公头（XLR Male）和母头（XLR Female），公头为输出信号端，

而母头则是接收信号端。从外观上看，针状的是公头，孔状的是母头。XLR 音频线有二芯、三芯、四芯等不同种类，最常见的是三芯。

图 4-5 所示为 3.5mm 接口音频线与 6.5mm 接口音频线。其中，3.5mm 接口音频线多用于连接手机或计算机的音频输出口；6.5mm 接口音频线则分为大三芯与大二芯，大三芯优于大二芯的地方在于其可以做双声道接入。

3.5mm音频线   6.5mm音频线

图 4-4 XLR 接口音频线   图 4-5 3.5mm 接口音频线与 6.5mm 接口音频线

3. 麦克风

图 4-6 所示为微型麦克风。麦克风（Microphone）学名为传声器，也称作话筒，是将声音信号转换为电信号的收音设备。

在电竞赛事直播中，常用的收音设备有手持式麦克风、头戴式麦克风以及被称为"小蜜蜂"的腰挂式微型麦克风等。

目前不少电竞职业联赛的评论席常用头戴式麦克风，这些无线收音设备通过接收器将信号输入调音台。

在电竞赛事直播中，可根据具体需求选择不同的收音设备。主持人、解说员、评论员甚至是环境发出

图 4-6 微型麦克风

的声音，可以通过收音设备送到调音台进行处理，与画面合成，导播台在接收声音后会对音量进行调整。

需要注意的是，在电子竞技赛事直播开始前，工作人员必须要对麦克风等传声设备进行调试。

4. 切换台

在电竞赛事举行的现场，画面流由摄像机来获取，声音流由传声设备来获取。这些信号流就像是面粉、鸡蛋、白糖等食材，需要经过一个制作过程，才能变成美味可口的甜品。切换台（Switcher）就扮演了制作者的角色。

切换台通常用于多摄像机演播室或外景，是通过切画、叠画、划像等效果连接所选视频，进而创作特效或嵌入其他特效来完成节目制作的设备。切换台的主要功能是可以即时进行视频编辑。

切换台在直播过程中主要用来在多个机位画面之间进行切换，也就是操作人员在不同的信号当中选择最为合适的那个信号，从而使电竞直播节目的画面符合导演、导播的意图。

导播台也称为移动演播室，由切换台、内部通话系统、监视器和一体化供电系统组成。但在实际工作中，导播台和切换台的名称经常混用，而切换台有时也被简称为切台。

切换台有一体式切换台和分体式切换台（控制台与主机分离）两种类别。

一体式切换台具有即插即用、携带方便等特点，可以用于较为简单的直播系统的搭建。对于自媒体直播、电商直播来说，一体式切换台足以应付几路直播信号的切换。需要注意的是，不少民用级别的切换台接口只有 HDMI，没有 SDI，这就要求在直播系统搭建的初期（例如购买设备或列出租赁清单时）注意匹配关系。

图 4-7 所示为 Blackmagic Design 公司生产的 ATEM Mini 一体式切换台。该切换台为民用切换台，下面选取两个比较重要的操作区域进行介绍，帮助大家了解切换台的主要功能。而在实际的电子竞技赛事直播中，所用的广播级切换台操作会更加复杂。

图 4-8 所示为该切换台的信号区域，标注 1、2、3、4 的按键分别对应导播台接口区的 4 个 HDMI 输入信号，可以通过这 4 个按钮进行 4 路视频信号的切换。例如，在直播中可以采用 3 个机位加一个显示器的形式捕捉画面，这也是切换台操作最频繁的一个区域。

图 4-7 一体式切换台

图 4-8 一体式切换台的信号区域

图 4-9 所示为该切换台的转场特效控制区域。左侧为 DURATION（持续时间）操作区，有 4 种时间可选择。右侧为 EFFECT（效果）区，控制信号源切换的转场特效，

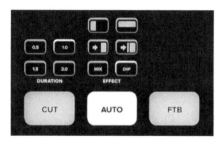

图 4-9 一体式切换台的转场特效控制
区域

上方一排的左右两个按钮分别用于左右划像和上下划像转场；中间一排的两个按钮分别用于 DVE 转场和挤压 DVE 转场；下方一排的两个按钮中，MIX（混合）指通过混合图像信息实现转场，DIP（沉浸式）指有白场闪过的沉浸式转场。在该操作台的软件控制中，还有更多的转场效果类型。在具体操作流程中，按下任意一个特效按钮后，再按下 AUTO（自动）按钮即完成该特效

转场，按下 CUT（硬切）按钮表示画面直接切换，按下 FTB（渐隐黑场）按钮则表示一键切换到黑场。

图 4-10 所示为切换台侧面的接口区域，从左至右分别是接驳电力的电源接口；用于连接导播台与计算机的网线接口，帮助完成驱动程序安装或导播台升级；视频输出 USB 接口，用于导播台的视频总输出；HDMI 输出口，用于导播台的 HDMI 信号

的输出；4 个视频采集接口和 2 个 3.5mm 音频采集接口，用于输入视频与音频。如图 4-10 所示，该切换台使用 USB 接口与计算机连接，然后就可以在计算机中使用直播软件进行推流。推流指的是把采集阶段封包好的内容传输到服务器的过程。传输到服务器的内容，用户就可以通过互联网看到。大部分情况下，传输到服务器的视频音频，用户打开相应的直播链接就可以看到对应的内容。

图 4-10　一体式切换台侧面接口区域

图 4-11 所示为分体式切换台的操作台。与一体式切换台相比，分体式切换台的专业化程度更高，能实现的视频切换与视频特效更多，现场制作的输出稳定性也更高。另外，分体式切换台的信号传输使用的是 SDI，更加稳定。

图 4-11　分体式切换台的操作台

图 4-12 所示为 ATEM 2 M/E Production Studio 4K 切换台，它可以实现视频切换，还可以在视频中添加高质量的图文信息。例如，在直播节目的画面中添加图标、台标和字幕等信息；通过单屏幕实现多画面监看。监看就是指导播在节目制作与直播过程中观察多路信号，以控制所有信号的拍摄并选择播出的行为。

图 4-12　ATEM 2 M/E Production Studio 4K 切换台

5. 视频采集卡

视频采集卡，又称视频捕捉卡，可以用来获取、存储、播放数字化视频。很多视频采集卡能在捕捉视频信息的同时获得伴音，使音频部分和视频部分在数字化时同步保存，并同步播放。

视频采集卡是进行视频处理必不可少的硬件设备。目前常见的视频采集卡有内置和外置两种。内置采集卡是装配在计算机机箱内的，而外置采集卡是即插即用式的。

内置视频采集卡插在台式机的 PCIe 接口上。图 4-13 所示为 PCIe 接口的几种插槽样式。

图 4-14 所示为 Blackmagic Design DeckLink Duo 2 内置视频采集卡，有 4 个独立的 3G-SDI，既可以输入也可以输出。

图 4-13　PCIe 接口的几种插槽样式

图 4-14　Blackmagic Design DeckLink Duo 2 内置视频采集卡

图 4-15 所示为外置视频采集卡，也称为采集盒，是独立的视频信号采集设备，一般无须安装在计算机内部即可使用。相比内置视频采集卡，外置视频采集卡安装更为简单，性能也更为稳定。

6. 制式转换器

制式转换器可以用来转变视频的格式、帧率等，其最强大的功能是可以使 HDMI 转接 SDI，通常在计算机连接导播台时使用较多。

图 4-16 所示为 DAC-70 制式转换器。DAC-70 几乎可以处理广播设备所需的各种视频格式，还具备上转器、下转器及音频加嵌等功能。除了能将 VGA 接口转接 SDI、HDMI 外，还能进行视频分辨率的转换。

图 4-15　外置视频采集卡　　　　图 4-16　DAC-70 制式转换器

4.1.2　电子竞技赛事直播软件

电竞赛事直播在直播过程中需要展现三方面的内容。

（1）游戏内的画面，且画面需要多视角切换。

（2）游戏外的现场画面，不仅包括选手面部表情，还包括现场选手整体画面、整个舞台画面、现场观众画面以及主持人、解说席、评论席的画面等。

（3）包括对战板在内的所有数据。

以上内容的完整呈现使电竞直播成为一个虚拟与现实结合的节目制作及直播推流过程。

电子竞技赛事的直播软件需要完成的是上述 3 个方面内容的制作及推流，所以要根据赛事直播的具体要求选择软件。在此过程中，可使用一款软件，也可使用两款软件配合。目前，主流的网络直播软件有 OBS 和 vMix 等。

1. OBS

OBS（Open Broadcaster Software）是一款由 OBS Studio 开发的直播软件，可以在其官方网站免费下载。图 4-17 所示为 OBS Studio 的 Logo。OBS 具有简便易上手、界面直观的特性，是目前使用最简单、应用最广泛的直播软件之一。该软件除了具有推流功能外，还具有较为基础的包装、视频切换、抠像等功能。

与 vMix 相比，OBS 使用起来相对简单。在对包装要求较为复杂的直播中，选择vMix 与 OBS 配合使用可能是更好的解决方案。

图 4-18 所示为 OBS Studio 官网截图。这里可以找到直播推流、抠像、视频转场效果、视频格式设置等相关说明与教程。

图 4-17　OBS Studio 的 Logo

图 4-18　OBS Studio 官网截图

　　OBS 的操作界面分为场景操作区、视频源操作区、混音器操作区以及设置操作区，如图 4-19 所示。

图 4-19　OBS 的操作界面

　　图 4-20 所示为 OBS 场景操作区，在此区域可以进行场景的添加。

　　图 4-21 所示为 OBS 输入源添加区域。在此区域可以添加不同的输入源（如图像、显示器采集、视频采集设备、音频输入采集等）到同一场景中，完成画面的叠加制作。

图 4-20　OBS 场景操作区

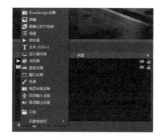

图 4-21　OBS 输入源添加区域

图 4-22 所示为 OBS 混音操作区。在此区域内，可以进行简单的调音操作。单击某一路音频右侧的喇叭按钮，即可对此路音频进行音量设置，喇叭按钮显示为红色时表示对应的音频被关闭。

图 4-23 所示为 OBS 设置操作区。在此区域内，可以对推流、录制进行开启与关闭操作。其中，"工作室模式"用于打开 OBS 自带的简易版导播台模式，"设置"则用于开启 OBS 的全局设置，包括推流设置、录制设置、视频格式与质量设置以及快捷键设置等。

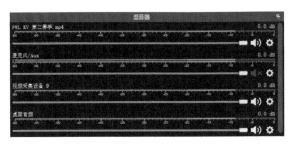

图 4-22　OBS 混音操作区

图 4-23　OBS 设置操作区

2. vMix

图 4-24 所示为 vMix 软件 Logo。vMix 在其官网上的描述是"一个完整的实时视频制作和直播软件解决方案"，使用 vMix 可以创建具有专业品质的作品和直播。

图 4-24　vMix 软件 Logo

vMix 可以添加摄像机、视频、NDI 流、远程访客、图像、音频、网络流、PPT、标题、色度键等，还可以完成虚拟直播间的设置等。

vMix 可以同时进行流媒体显示、录制和直播，并且能够满足企业化的专业使用需求，而 OBS 更契合个人工作室的生产模式。vMix 在不安装任何插件的情况下可完成多路推流，最多可推三路画面。但 vMix 目前仅支持 Windows 操作系统。

图 4-25 所示为 vMix 官网截图，在此可以找到 vMix 操作教程。

图 4-25　vMix 官网截图

图 4-26 所示为 vMix 操作界面，整个界面分为输入源添加区域、输入源预览区域、转场区域、设置区域、工程保存区域、调音台操作区域等。

图 4-26　vMix 操作界面

图 4-27 所示为 vMix 操作界面的工程保存区域，可进行工程文件的新建、保存、另存为，以及读取软件关闭前的工程等操作。

图 4-27　vMix 操作界面的工程保存区域

图 4-28 所示为 vMix 操作界面的输入源预览区域。单击某个输入源，即可将其切换至预切画面（Preview，PVW），即预览信号。

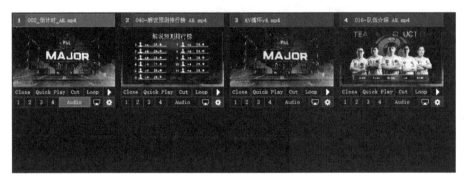

图 4-28　vMix 操作界面的输入源预览区域

图 4-29 所示为 vMix 操作界面的输入源添加区域以及设置区域。单击"添加输入"，可添加视频、图片、PPT、各种 vMix 自带的视频包装以及采集设备采集到的视频信号、音频信号；在设置区域可以设置记录、外部、流、MultiCorder、播放列表等内容。

图 4-29　vMix 操作界面的输入源添加区域以及设置区域

图 4-30　vMix 操作界面的
调音台操作区域

图 4-30 所示为 vMix 操作界面的调音台操作区域。在此处可对有音频信号的视频进行单路调音操作，也可对外接音频进行调音处理。

图 4-31 所示为 vMix 操作界面的左右分别是预切画面与播出画面（Program，PGM），中间则是各种视频转场效果设置区域，单击对应的按钮可进行预切画面与播出画面的互换。

图 4-31 vMix 操作界面的预切画面与播出画面

3. 软件的配合使用

在电子竞技赛事直播节目的制作过程中，将几款软件配合使用不仅能提升现场制作的效率，而且能进一步保障稳定性。

在 vMix 操作界面中，单击下方操作栏的"外部"按钮，如图 4-32 所示。

图 4-32 vMix 与 OBS 的配合使用 1

外部输出功能已激活，如图 4-33 所示。

打开 OBS，单击 OBS 操作界面下方"来源"面板中的"+"，如图 4-34 所示。

图 4-33 vMix 与 OBS 的配合使用 2

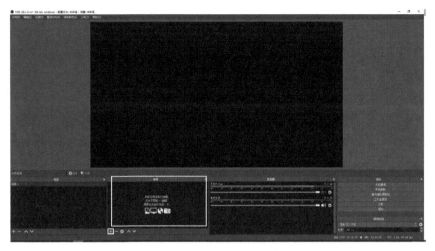

图 4-34　vMix 与 OBS 的配合使用 3

在输入源添加区域选择"视频采集设备"，如图 4-35 所示。

选择"新建"并在弹出的菜单中选择"vMix Video"作为输出源，此时 OBS 便可抓取到在 vMix 中制作的视频流，并对此信号进行推流，如图 4-36 所示。

图 4-35　vMix 与 OBS 的配合使用 4

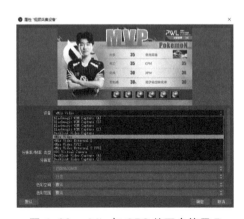

图 4-36　vMix 与 OBS 的配合使用 5

打开 OBS，在操作界面中可以看到从 vMix 采集到的视频流，如图 4-37 所示，此时进行推流即可完成全部流程。

图 4-37　vMix 与 OBS 的配合使用 6

4.1.3　电子竞技赛事直播流程

如 4.1.2 小节中所述，电竞赛事直播需要展现三个方面的内容，这些内容的相关画面需要进入切换台进行画面合成或视频切换处理，然后输出至现场大屏及直播平台。本节主要对推流到直播平台的流程进行介绍。

1. 输入

（1）声音。

在电子竞技赛事直播中，最常见的声音源有主持人麦克风、解说麦克风、游戏内部、背景音乐（Background Music，BGM）、垫片、现场等。

图 4-38 所示为电子竞技赛事直播声音输入、加工、输出示意。不同电子竞技赛事直播的要求不同，此处以不混入现场音的直播节目推流模式为例进行演示。

通常，调音师要对接入调音台的声音进行降噪、调谐等处理，随后将声音从调音台输出至直播推流机的声音采集设备（即声卡单元），声音在此与画面合成后被推流至直播平台。通常声音要比视频早 18ms ～ 36ms 到直播平台，为了确保声音与画面播出同步，需要在调音台或推流软件中设置声音延迟输出。

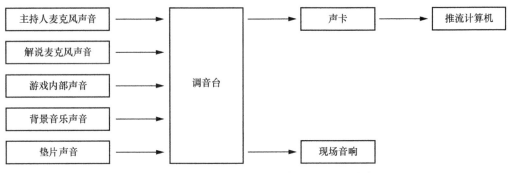

图 4-38　电子竞技赛事直播声音输入、加工、输出示意

（2）画面。

在小型电竞赛事直播中，往往使用 OBS 作为直播推流与场景切换的工具。在大型电竞赛事直播中，画面源复杂而多样，因此会使用硬件切换台。

图 4-39 所示为电子竞技赛事直播画面源输入、加工、输出示意。信道摄像机画面、OB 画面、3D 包装与游戏回放画面、字幕包装画面都被采集到导播台。这些画面经导播台加工后被分成两路，一路通过视频采集卡为直播推流，另一路被投到现场大屏。

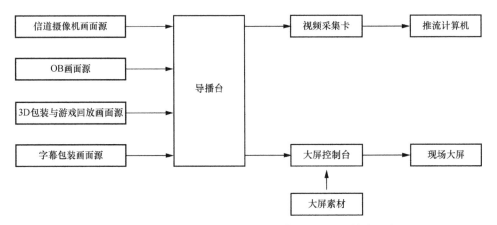

图 4-39　电子竞技赛事直播画面源输入、加工、输出示意

值得注意的是，切换台的视频采集口一般为 SDI，信道摄像机等可直接通过 SDI 线与其相连来实现画面的输入。而计算机通常没有 SDI，只能使用显卡的 HDMI，通过 HDMI 将画面传输到制式转换器转换为 SDI 信号后输出到切换台。

2. 加工

（1）设置。

设置是对直播输出数据的设定及确认，需要在电竞比赛直播开始前完成。设置决定一场比赛视频输出的质量，也决定观众是否可以在直播平台流畅地观看直播。

在 OBS、vMix 等推流软件中，需要正确设置相关数据，包括分辨率、帧率、码率等，以保证视频的顺畅。

① 分辨率。

图像的分辨率指的是单位长度中所表达或包含的像素数目。分辨率决定图像的精细程度。通常情况下，图像的分辨率越高，所包含的像素就越多，图像就越清晰。同时，图像文件占用的存储空间也越大。

描述分辨率的单位有 dpi（点每英寸）、lpi（线每英寸）、ppi（像素每英寸）和 PPD（Pixels Per Degree，像素每度）。其中，只有 lpi 是描述光学分辨率的。虽然 dpi 和 ppi 也属于分辨率范畴内的单位，但是它们的含义与 lpi 不同，而且 lpi 与 dpi 无法换算。

在一般的电竞赛事直播中，通常会使用 1920px×1080px 的分辨率，宽高比为 16：9。在 OBS 或 vMix 等软件的设置界面中可以直接设置视频的分辨率。图 4-40 所示为 OBS 分辨率设置界面。

图 4-40　OBS 分辨率设置界面

图 4-41 所示为 vMix 分辨率设置界面。其中"输出的宽高比"选择的是（Widescreen）宽屏。

图 4-41　vMix 分辨率设置界面

值得注意的是，在 OBS 的设置中，有基础分辨率与输出分辨率之分。基础分辨率是 OBS 采集的画面分辨率，而输出分辨率则是观众看到的画面分辨率，由基础分辨率缩放得出。一般情况下输出分辨率采用 1920px×1080px 即可，如果对画质要求并不高，可以降低到 1280px×720px。

② 帧率。

帧率也叫作帧频，帧率是图像以帧为单位连续出现在显示器上的频率（速率），指的是每秒放映或显示的图像帧数，可以理解为每秒显示的静止画面的数量。因此，每秒显示的帧数越多，帧率也就越高，相对应的画面也就越流畅。

帧率的单位为帧 / 秒（常用 fps 代替），即每秒内显示的帧数。电子竞技的直播观感很大程度取决于画面的流畅程度，一般情况下，60 帧 / 秒的帧率比较适合电子竞技节目的直播。

③ 码率。

码率也称为比特率，是指单位时间内传输或处理的数据量，单位为 bit/s。码率用于衡量数字信息的传输或处理速度。

在现代数字通信中，数字化的视频等信息传输带宽较大，因此，往往以千比特每秒或兆比特每秒为单位进行计量，分别写作 kbit/s 和 Mbit/s。普通彩色电视信号数字化后的信息传输带宽可达 216Mbit/s；良好的数字传输信道可传几十路彩色电视节目，传输带宽可达若干吉比特每秒（写作 Gbit/s）。

码率不能高于宽带的上传速度。一般情况下，码率的设置一方面要按照直播平台的码率限制数值进行设置，另一方面要考虑用户的网络环境与流量耗费。

表 4-1 所示为常见的直播码率参考。

表 4-1　常见的直播码率参考

分辨率	帧率 /fps	码率 / (kbit · s^{-1})
1280px × 720px	30	> 2100
1280px × 720px	60	> 4200
1920px × 1080px	30	> 4500
1920px × 1080px	60	> 6500

在 OBS 中推流时，如果网速无法满足当前码率，会有显示红色色块进行提示，此时要根据实际情况调低码率。如果显示"编码过载"，则是 CPU 的性能不能满足当前设置，可以采用显卡输出的方式。

（2）转场。

在影视领域，通常每个视频段落都具有某种单一的、相对完整的意义，或表现一个动作过程，或表现一种相关关系，或表现一种事物的含义等。段落是影片中一个完整的叙事层次，就像戏剧中的幕、小说中的片段一样，一个个段落连接在一起，就组成完整的影片。因此，段落是影片最基本的结构形式。

段落与段落之间、场景与场景之间的过渡或转换，就叫作转场。

在直 / 转播过程中，画面的切换用于展示不同的场景、信息与状态。画面的切换有不同的切换模式，影视行业称其为转场效果。转场除了干净利落的直接切换外，还有不同的转场效果。

图 4-42 所示为 vMix 的常规转场效果设置界面。

图 4-42　vMix 的常规转场效果设置界面

部分转场效果介绍如下。

◇ 快速播放（Quick play）：具有淡入淡出效果。每个输入信号源都有一个"快速播放"按钮，默认情况下，快速播放的淡入淡出时间为 500ms，这个时间可以自定义。

◇ 切（Cut）：就是所谓的硬切，效果为直接对预览窗口与总输出窗口进行切换，没有任何延迟或过渡。

◇ Fade（淡入淡出）：对预览窗口与总输出窗口进行渐隐渐现式的切换，可根据需要设置淡入淡出的时间。

◇ Wipe（从左至右擦除）：预切画面在总输出画面中从左至右擦除、覆盖原来播出的内容。

（3）字幕包装。

目前常用的字幕包装机品牌有 Ross、大洋、CharacterWorks 等。字幕包装机可以理解成一台搭载着字幕软件的计算机，其软件拥有品牌方自己的"加密狗"。所以，在预算有限的情况下，可以使用安装有 vMix 软件的计算机进行字幕包装。

字幕机的工作原理是通过输出两路信号，即键/按钮信号与填充信号到切换台，与其他画面进行叠加后输出。

① 键/按钮信号：通过输出一个视频信号把键信息映射为相应的灰度级图像，再由键混设备把接收的灰度图转换成对应的 Alpha 值，从而完成透明信息的传递。由此可见，键信号本质是一个视频信号，用于描述图像的不透明度，实际上，它反映的是 Alpha 值，表示 32 位真彩色的 4 个参数（R、G、B、Alpha）之一。键信号在字幕叠加、图像与背景画面的叠加等许多方面有广泛的应用。可以认为键信号表示的是视频的不透明度及相关数据。

② 填充信号：通过扫描目标与背景的整体图像，检测需要填充的像素，通过填充信号对像素进行逐一填充。可以简单理解为，在一场电竞直播赛事的解说席背后是一块绿幕，键信号负责把绿幕去除，形成一个数值描述，而填充信号则负责把它填满，例如填充含有比赛 Logo 等信息的背景等。

③ 阿尔法通道（Alpha Channel）：用于确定图像的不透明度。例如，一张使用 16 位存储的图片，可能 5 位表示 R、5 位表示 G、5 位表示 B、1 位是 Alpha 值。在这种情况下，Alpha 值要么表示透明，要么表示不透明。一张使用 32 位存储的图片，R、G、B 和 Alpha 值均用 8 位表示，在这种情况下，Alpha 值就不仅可以表示透明和不透明，还可以表示 256 阶的不透明度，也就是可以精细描述 256 种不同程度的不透明度。

当 vMix 作为字幕软件时，需要配备一张具有两路输出的上屏卡。这里选用 Blackmagic Design DeckLink Duo 2 进行演示，同时需要对 vMix 的外部输出进行设置，步骤如下。

第 1 步　打开 vMix，打开设置，在界面中单击"外部输出"，如图 4-43 所示。

第 2 步　单击"外部输出"中的"外部 2"按钮，并设置"设备"为"DeckLink Duo (1) 1"，如图 4-44 所示。

图 4-43　vMix 设置界面 1　　　　　　　图 4-44　vMix 设置界面 2

此时，在"Alpha 频道"下拉列表中会有以下几种选项。

None（无）：无 Alpha 通道，将视频输出照常发送到设备。

Straight（线性）：输出两个通道，在单独的 SDI 上按"+"键填充。

Premultiplied（预乘）：填充通道将被"预乘"，并与接收设备文档进行核对，以确定应选择哪个选项。

第3步　对上屏卡进行设置。在"Connector"（端口）选项中选择"SDI 1 & SDI 2"，将 SDI 1 和 SDI 2 组合在一起，如图 4-45 所示。

图 4-45　显卡设置界面

第4步　对导播台进行设置。以 Blackmagic Design 的导播台为例，键信号与填充信号输出将分别通过 SDI 1 和 SDI 2（或 SDI A 和 SDI B）发送，可以将它们连接至 ATEM 切换台上的两个输入。在 ATEM 切换台控制面板的键控器设置中，可以选择将键信号和填充信号作为输入来完成该过程，最后按 ON AIR 键即可完成整个设置。

（4）抠像。

"抠像"一词源自早期的电视制作，意思是吸取画面中的某一种颜色作为透明色，将它从画面中抠去，从而使背景透出来，形成两层画面的叠加合成效果。

在室内拍摄的人物，经抠像后与各种景物叠加在一起，可形成相应的艺术效果。下面简单介绍对绿幕场景进行抠像，并将背景与虚拟台进行合成。

vMix 可以进行较为简单的环境抠像。拍摄环境须满足一定的条件，如绿幕、蓝幕、绿箱、蓝箱等。图 4-46 所示为某校电竞馆中的一个角落，桌面与背景铺满绿幕。单击绿幕所属素材右下角的齿轮状"设置"按钮。

图 4-46　vMix 操作界面的抠像准备

选择 vMix 操作界面中的"彩色钥匙"选项，在对应的右侧界面中勾选"彩色钥匙"，单击其右侧的吸管工具按钮，然后在画面中单击绿幕部分，部分或全部绿幕变成透明。

如果并没有完全抠像，则需要左右拉动"色度键过滤器"滑动条，也可以勾选"反锯齿"复选框，这样使画面边缘更加光滑，如图4-47所示。

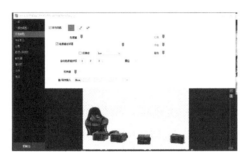

图 4-47 vMix 抠像操作

抠像时还需考虑现场环境及现场布光等因素，也可以设置"自动色度键预设"，大部分不复杂的抠像都可以通过此设置直接抠除干净。

将需要合成的画面拖入 vMix，单击该背景素材右下角的齿轮状"设置"按钮，如图4-48所示。

图 4-48 vMix 抠像后合成 1

在列表左侧选择"图层 / 多视图",将完成抠像后的画面以及桌子模型分别放入 1、2 号图层中,在选择图像的上下层关系时,注意图层序号大的画面在上方,即可完成画面的叠加操作,如图 4-49 所示。

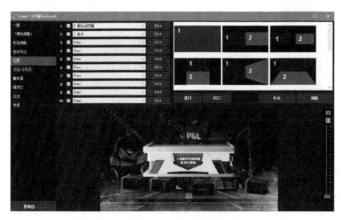

图 4-49　vMix 抠像后合成 2

分别对 1、2 号图层进行大小及位置的调整,即可完成所有设置工作。这需要打开"位置"对应界面进行设置,如图 4-50 所示。

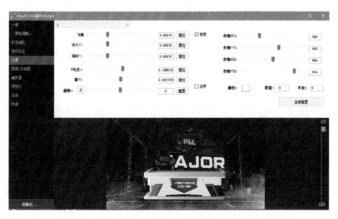

图 4-50　vMix 抠像后合成 3

在左上角的下拉列表中,"Main"代表整体画面,"1"代表 1 号图层,如图 4-51 所示。

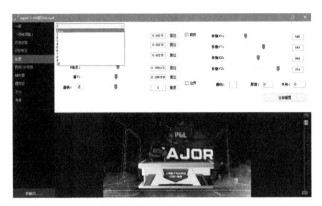

图 4-51　vMix 抠像后合成 4

（5）即时回放。

在电竞赛事直播中，回放技术被广泛使用，包括慢动作回放、精彩回放以及高光时刻合辑等，需要使用回放技术制作。

通常，在比赛中，出现精彩击杀或精彩团战时，会对其进行回放。将选手的高光时刻通过慢动作回放，观众能够更加清晰地观察选手的操作细节，使得赛事直播更具有观赏性。

OB 未捕捉到的精彩击杀，以及无法同时捕捉的团战与精彩击杀画面，需要通过回放技术展现给大家。

在实际的电竞赛事直播中，多机位实时录制的视频、游戏中 OB 视频画面都可以作为回放素材。回放的目的常常是展示一次精彩的击杀，或是某位选手在某个重要节点后的表情、动作，或是观众席上的观众反应。

回放也常用在赛后高光展示环节中。赛后高光是指在一场竞技赛事结束后，等待赛后数据展示、MVP 公布时会播放的一段本局所有的精彩赛事镜头剪辑，是由每一次精彩的团战或击杀组合而成的系列画面。vMix 提供了即时回放（Replay）功能，可用来制作赛后高光。下面介绍制作方法。

打开 vMix，在主界面中单击左下角的"添加输入"按钮，如图 4-52 所示。

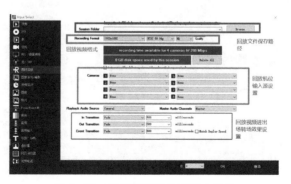

图 4-52 添加即时回放

在打开的界面中单击"即时回放"按钮，即可根据图 4-53 所示的相关注释设置回放视频的基本信息。在添加回放时，需要对回放文件的保存路径进行设置，然后对视频质量及格式进行设置，最后对回放机位的输入源进行设置，单击"OK"按钮即可完成回放前的所有设置操作。

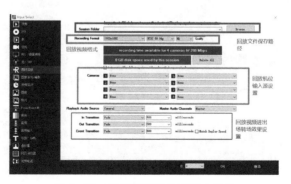

图 4-53 设置即时回放的基本信息

图 4-54 所示的框内的 In/Out，用来对视频源的回放切入点与回放切出点进行设置。−5 表示回放从实时画面前的 5s 开始。例如，需要设置从实时画面前的 15s 开始，到实时画面前的 10s 结束，就设置 −15 作为切入点、−10 作为切出点。

图 4-54　设置回放的切入点和切出点

如图 4-55 所示，矩形框区域部分为回放录制的镜头，这些镜头可以用来生成赛后高光。

图 4-55　回放录制的镜头

如图 4-56 所示，单击"Play Events"（播放事件）按钮即可按顺序逐条播放回放录制的镜头。激活 Loop（循环）选项后，这些镜头会被循环播放。

图 4-56　顺序逐条播放回放录制的镜头

3. 输出

以 B 站（哔哩哔哩网站 /App）的直播信息页面为例，服务器地址即 rtmp 地址，串流密钥是为了保障直播安全设置的密码，如图 4-57 所示。rtmp 即 real time messaging protocol（实时消息传输协议），在大部分直播平台中，rtmp 地址是直播数据上传地址，设置 rtmp 是直播的第一步。不论是使用 OBS 还是 vMix，设置 rtmp 地址的方式是基本相同的。

如图 4-58 所示，单击 vMix 主界面下方推流按钮左边的设置按钮，然后将直播平台的 rtmp 地址及串流密钥分别复制、粘贴到图 4-59 所示的"URL"和"流名称或关键"文本框中，单击 vMix 主界面下方的"流"按钮，即可完成推流（输出）操作。

图 4-57　B 站的直播信息页面

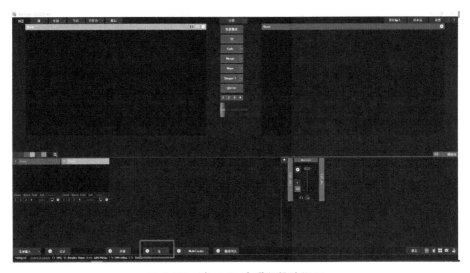

图 4-58　在 vMix 中进行推流设置

图 4-59　复制、粘贴 rtmp 服务器地址及串流密钥到文本框

4.1.4 电子竞技赛事直 / 转播的镜头语言

图 4-60 所示为影响场面调度的两个层次,即镜头与画面,也叫作镜头运动与景别。电子竞技比赛的直播绝不仅是客观陈述,而且要将比赛的紧张和现场感通过充满想象力的镜头语言传递给观众。通常的电技赛事直播中,导播会为摄制组成员分配具体的任务,并提前告诉摄像师必须拍摄的镜头类型。

图 4-60 影响场面调度的两个层次

实际上,摄像机取景器中的内容与导播在监视器上看到的内容并不一定完全一致。例如,在摄像机取景器中位置居中的内容,在监视器上显示并不一定居中。导播通过内部通信系统指挥摄像师拍摄画面构图,摄像师应立即执行现场导播的指令,即使画面在摄像机取景器上看并不协调。而使摄像师与导播能够在最大程度上完成配合的前提是沟通,影响其沟通最主要的两个因素是构图的景别以及镜头的运动。

1. 景别

图 4-61 所示为不同景别下的人像。景别是指焦距不变时,摄像机与被摄体的距离不同造成的被摄体在摄像机取景器中所呈现出的范围、大小的区别。

在电子竞技赛事直播中,不少特写是由选手面前屏幕上方或支架上的摄像头摄取的选手面部与身体画面,近景由游走摄像机摄取,远景、全景、中景则是由固定机位摄像机或使用摇臂、飞猫等摄取。这些要根据赛事规模与情况进行设计。

图 4-61　不同景别下的人像

2. 镜头运动

镜头的运动，就是在一个镜头中通过移动摄像机机位，或者改变镜头光轴、焦距所进行的拍摄。该镜头的整体画面也被称为运动画面。

镜头的运动包含由推、拉、摇、移、跟、升、降等摄像方式或综合运动摄像形成的推镜头、拉镜头、摇镜头、移镜头、跟镜头、升降镜头等。

推镜头的运动方式为摄像机沿光轴方向向前移动，或采取变焦镜头从短焦（广角）端调至长焦端。它的镜头语言有把观众带入故事环境、突出被摄主体、突出人物身体某一部分的表现力。

拉镜头的运动方式为摄像机沿光轴方向向后移动，或采取变焦镜头从长焦端调至短焦（广角）端。它的镜头语言有从近距离描写中抽离、交代典型细节与其所处的整体环境的表现力，通常用于结束一次叙述、进行换场或收尾时。

摇镜头的运动方式为摄像机的机位不动，只有机身做上下、左右旋转等运动。它的镜头语言有介绍环境、从一个被摄主体转向另一个被摄主体的表现力。

移镜头的运动方式为摄像机沿水平面各方向移动。它的镜头语言有进行全景式的展开描述和在画面上建立微观的全景场面等表现力。

跟镜头的运动方式为摄像机跟随被摄主体一起运动，它的镜头语言在于帮助观众了解被摄主体的运动，或代入被摄主体的第一人称视角。

升降镜头为摄像机沿垂直面各方向移动，可帮助观众观察高大物体的各个局部。升降镜头摄像机通常由低到高运动。升降镜头使视点产生高低变化，低视点镜头往往采用仰视视角，高视点镜头多属于俯视视角。

4.2　任务一　掌握电子竞技赛事直播软硬件的使用方法

电子竞技赛事直播前需要对直播硬件环境进行搭建，对直播软件进行测试。直播环境的搭建分为硬件与软件两部分，包括连接设备、设置直播软 / 硬件、测试网络等。

➢ 任务要求

◇ 熟悉电子竞技赛事直播用到的硬件。

◇ 了解电子竞技赛事直播的工作分配。

◇ 熟练使用硬件与软件完成电竞赛事的直播。

4.2.1　子任务一　完成直播环境搭建

1. 任务背景

上海某街道组织了五四青年节英雄联盟邻里友谊赛，有 10 支以上队伍参加，赛事在决赛环节采取线下赛方式并进行赛事节目的直播。目前，小 A 要负责这场决赛的直播，需要列出配置单，并保证各设备之间可以适配。

2. 任务操作

制作电子竞技赛事设备单，列出比赛直播现场需要的图像采集设备、声音采集设备、线材、计算机、切换台、采集卡、制式转换器等，并且对现场可能发生的意外做出估计，制订预案，安排相关的备用机器。要求如下：

（1）自行画出整套直播系统的简图，如绘图软件使用不熟练可以使用手绘；

（2）使用 Excel 整理出完整的设备清单（含数量）。

4.2.2 子任务二 完成直播推流测试

1. 任务背景

在直播设备连接完毕后，小 A 要在赛前完成直播推流的测试，保障直播间音画流畅、音量适中。

2. 任务操作

（1）请相关志愿者作为选手配合 OB、字幕、导播等人员在赛前进行测试。

（2）推流测试可使用 OBS 或平台自带软件，注意正确设置分辨率、码率、帧率，正确采集音 / 视频并进行合理的直播节目包装。

（3）重点检查音画流畅度、音量大小等。

4.2.3 巩固思考练习

1. 哪些要素决定了直播画面的清晰度？

2. 在进行直播设置的时候应该怎样对分辨率、码率、帧率进行设置？

3．应该如何通过互联网学习相关直播设备的参数设置方式？

4.3　任务二　使用软件完成赛事直播过程中的抠像与转场

在进行赛事直播时，需要对主持人的解说台背景进行抠像，替换成电竞赛事的品牌背景，并准确地执行转场。

➤ 任务要求

◇ 熟悉电子竞技赛事直播的抠像与转场。

◇ 了解电子竞技赛事直播的工作流程。

4.3.1　子任务一　完成电子竞技赛事直播中的抠像

1．任务背景

在掌握了电子竞技赛事硬件设备使用方法的基础上，小 A 要使用软件完成赛事直播的相关工作。首先，小 A 要完成解说台的抠像处理，并替换成与赛事品牌有关的虚拟背景与虚拟桌面。

2．任务操作

（1）对现场的绿幕进行整理，对灯光进行调整。

（2）使用 vMix 的抠像功能对绿幕进行抠除，导入虚拟背景与桌面，合成新画面。

（3）进行简单的调整，使合成画面看起来自然、协调。

4.3.2 子任务二 完成电子竞技赛事直播中的转场

1. 任务背景

在搭建完毕的电竞直播环境中，小 A 要完成简单的 vMix 转场，如实现硬切、淡入淡出、划像、中心聚焦切换、渐黑等效果。

2. 任务操作

（1）确认所有摄像机位、OB 机图像的连通，确认 vMix 已作为媒体输入源。

（2）在不同场景之间进行转场练习，可以使用硬切、淡入淡出、划像、中心聚焦切换、渐黑等多种效果，确保操作熟练。

（3）写出转场测试练习中不同转场的制作感受，并对接下来要进行的比赛直播的转场方式做出一定的规划。

4.3.3 巩固思考练习

1．布置怎样的绿幕环境可以给抠像创造更好的条件？

2．OBS 与 vMix 配合使用的主要目的是什么？

3．在制作字幕时，如何对上屏卡进行设置？